오늘 30명 그림책 놀이

일러두기

• 이 책에 실린 놀이는 2017년부터 2021년 초까지 저자가 자녀와 함께한
  그림책 독후 활동 중 일부를 가려 뽑은 것입니다.

• 외래어는 국립국어원의 외래어 표기법을 기본으로 삼되 본문에 실린
  그림책에서 다른 표기를 사용했을 경우, 그림책 내용을 설명할 때에만 해당
  표기를 따랐습니다.

• 책 제목은 『 』, 곡명은 「 」, 그림, 영상물은 < >, 독서 관련 프로그램이나
  단체명은 ' '로 표기했습니다.

• 본문에 언급된 모든 책의 서지 정보는 201쪽에 표기했습니다. 저자의
  역할을 나타내는 정보(글·그림, 지음, 번역 관련 등)는 해당 출판사의 표기를
  따랐습니다. 책이 개정 발행된 경우, 현재 유통 중인 도서의 발행일을
  표기했습니다.

교사 아빠가 제안하는 6가지 역량별 독후 활동

하루 30분 그림책 놀이

전상현 지음

학교도서관저널

여는 글
그림책을 통해 아이와 함께 해 보세요

좋은 아빠가 되고 싶었습니다. 교육, 아이, 놀이 관련 책을 찾아서 열심히 읽었습니다. 아이를 먼저 키워 본 친구들에게 묻기도 했습니다. 공통적으로 말하는 한 가지가 있었습니다. 바로 책이었습니다. 아이가 산후조리원에서 집에 도착한 날부터 그림책을 읽어 주었습니다. 아이 옆에 함께 누워 책에 그려진 그림을 보면서 이야기를 들려주었습니다. 고개도 가누지 못하는 아이에게 읽어 준 책에는 글이 없습니다. 그래서 상상력을 발휘해 그림과 어울리는 이야기를 만들었습니다.

옹알이하는 시기, 아이는 아빠가 말하는 책 내용을 이해하지 못했을 것입니다. 하지만 아빠가 들려주는 말 한마디, 한마디는 어떤 방식으로든 아이에게 가닿을 거라는 확신이 있었습니다. 그림책을 읽어 주면 아이는 손과 발을 유난히 더 움직이는 것 같았습니다. 그림책의 장면, 장면에 초점을 맞추는 것처럼 느껴지기도 했습니다. 때로는 말을 알아듣기라도 한 것인지 까르르 웃기도 했지요.

그림책은 그림만으로도 이야기의 흐름과 캐릭터의 감정 변화를 읽을 수 있어 텍스트 읽기가 익숙하지 않은 아이들도 작품의 메시지를 포착해 낼 수 있는 매체입니다. 그림책에서 그림은 동화나 아동교양서의 삽화와 달리 내용을 뒷받침하는 역할에 그치지 않고 독립적인 예술 영역으로 존재하지요. 그래서인지 아이와 그림책을 함께 읽다 보면 어른이 읽는 속도에 맞춰 책장을 넘길 때도 있지만 아이가 좋아하는 장면에 한참을 머물러야 할 때도 있습니다. 아이는 인물의 표정을 따라 하기도 하고, 텍스트에는 없는 요소를 발견하기도 하며 이야기와 감응합니다. 그렇게 쌓인 풍부한 독서 경험은 일상에서 다양한 이야기를 나눌 수 있는 재료가 되어 주었습니다. 새 신발이 생기면 그림책에서 본 신발 이야기를 꺼내고, 아이스크림을 먹을 때에는 그림책에서 만난 아이스크림의 모험을 조잘조잘 말합니다.

아이가 좀 더 자라면서 그림책과 연관된 여러 활동을 해 보자고 마음먹었습니다. '함께 놀되 조금 더 의미 있게 놀자.'라는 목표를 가지게 되었지요. 아이들은 어릴수록 복잡한 체계가 있는 활동보다 단순하면서 재미있게 즐기는 활동을 좋아합니다. 아이가 어린이집을 다니기 전에는 몸을 움직일 수 있는 놀이나 글자를 써 보고 알아맞히는 놀이를 했습니다. 어린이집을 다니면서 오리고 붙이는 만들기 놀이, 그림 그리기 놀이를 했지요. 그림책과 관련된 놀이를 준비하니 아이도 쉽게 흥미를 붙였고 같이 이야기 나눌 수 있는 소재도 더 풍부해졌습니다.

집에서 쉽게 구할 수 있는 재활용품, 택배 상자, 부엌 서랍에 잠들어 있는 일회용 식기 등이 좋은 재료가 되어 주었습니다. 야외 활동이 쉽지 않은 시기, 한창 활달하게 움직이고 싶어 할 아이를 위해 실내에서 단순하게 할 수 있는 놀이를 계획하기도 했습니다.

이 책은 아이가 다섯 살이던 2017년부터 그림책을 읽고 함께 한 책놀이 경험을 모은 것입니다. 초등학교 교사로서, 동시에 평범한 아빠로서 책의 마지막 장을 덮는 데에서 끝나는 독서에 그치지 않고 그 이상의 경험을 하길 바랐습니다. 놀거리를 스스로 만들고 함께 놀고, 그 과정에서 책의 주제에 관해 자연스럽게 대화를 나눌 수 있는 시간 말이지요.

특히 '아빠'로서 아이와 함께 시간을 보내야 한다는 의무감 또한 컸습니다. 아빠는 양육과 가사를 '돕는' 사람이 아니라 '동등하게 참여하는 존재'라는 담론은 이제 전혀 새롭게 느껴지지 않을 만큼 당연한 이야기가 되었습니다. 아빠와 엄마가 의무를 함께 하는 모습은 아이에게도 긍정적인 영향을 줍니다. 자연스럽게 성평등 감수성을 기를 수 있고 서로 다른 존재가 부족한 점을 보완하는 과정을 가까이에서 지켜볼 수 있기 때문이지요. 이 책에 담긴 글은 프렌디(Friend+Daddy, 친구 같은 아빠), 플레디(Play+Daddy, 함께 노는 아빠), 홈대디(Home+Daddy, 육아에 적극적인 아빠)가 되고자 노력한 고민의 결과물이기도 합니다.

여기에 교사로서의 관점도 반영했습니다. 책놀이 이야기를 교육 과정에서 제시하는 여섯 가지 핵심 역량별로 엮었지요. 1장은 자기 관리 역량, 2장은 지식 정보 처리 역량, 3장은 창의적 사고 역량, 4장은 심미적 감성 역량, 5장은 의사 소통 역량, 공동체 역량과 연관되는 이야기입니다. 놀이의 특색에 따라 어떤 활동은 창의적 사고와 심미적 감성에 영향을 주기도 하고 어떤 활동은 지식 정보 처리 역량과 자기 관리 역량에 도움을 주기도 하지요. 이 책에서는 그림책 내용, 활동 과정, 활동의 의미 등을 큰 틀에서 각 역량으로 분류해 담았고 의사 소통 역량과 공동체 역량은 다른 역량들보다 밀접하게 연관될 수 있다고 보고 함께 묶었습니다.

각 활동마다 놀이를 하는 데 걸리는 시간도 안내했습니다. 시간 여유가 있으면 있는 대로, 혹은 시간이 부족하면 부족한 대로 적당한 활동을 선택할 수 있도록 한 것입니다. 다만 놀이 소요 시간은 아이의 연령에 따라, 집중도와 숙련도에 따라 차이가 있으니 참고로 봐 주면 좋겠습니다.

각 활동의 종류와 난이도도 함께 표기했습니다. 언어 활동, 그리기 활동, 만들기 활동 등으로 성격을 분류했으므로 아이의 성향에 따라 선택할 수 있을 것입니다. 이 책에 실린 놀이는 학교에 입학하지 않은 아이부터 초등학생까지 참여할 수 있는 활동이기 때문에 연령별로 난이도에 따라 적당한 놀이를 선택하면 좋습니다. 아이와 그림책 놀이를 하게 되는 환경, 어른이 느끼는 시간과 체력의 한계가 다른 상황에서 이 가이드를 작은 지표로 삼을 수 있을 것입니다. 아빠뿐만 아니라 엄마, 할아버지, 할머니 등 아이와 함께하는 어른들 모두가 유용하게 활용할 수 있는 길잡이가 되길 바라는 마음입니다.

책에는 놀이를 하며 직접 아이와 주고받은 대화들도 담았습니다. 아이와 이야기 나누는 일이 조금 어색하다면 책에 나온 대화를 바탕으로 질문을 해 보세요. 그림책과 놀이에 관심 많은 부모이자 초등학교 교사인 저의 경험이 독자들에게 조금이나마 도움이 되면 좋겠습니다. 아이의 눈빛과 목소리에 마음을 기울이는 어른이 점점 많아진다면 무척 기쁠 것 같습니다.

차례

여는 글 4
아이의 핵심 역량을 길러 주는 그림책 놀이 10
이 책의 등장인물 14

나를 알아 가는 그림책 놀이 – 자기 관리 역량

몸속 탐험하기 _ 『지식의 백과사전: 인체』 18
좋아하는 것 싫어하는 것 기록하기 _ 『이게 정말 나일까?』 24
페트병을 활용한 정리 상자 만들기 _ 『안 돼, 데이비드!』 30
꿈 핀볼 만들기 _ 『무슨 꿈이든 괜찮아』 36
속상할 때 듣고 싶은 말 적기 _ 『틀려도 괜찮아』 42

생각하는 힘을 길러 주는 그림책 놀이 – 지식 정보 처리 역량

이야기 순서 예상하기 _ 『헨리의 자유 상자』 48
상상해서 지도 그리기 _ 『허먼과 로지』 55
픽셀 아트 그림 그리기 _ 『코끼리 아저씨와 100개의 물방울』 62
숨은그림찾기 _ 『장바구니』 68
미로 만들기 _ 『뜻밖의 미로 여행』 73
집에서 곤충 낚시하기 _ 『우리 곤충 채집할래요?』 78
매달린 종이컵 맞추기 _ 『할머니에겐 뭔가 있어!』 83

새로운 생각을 이끌어 내는 그림책 놀이 – 창의적 사고 역량

마법 주문 상상하기 _ 『마법 침대』 90
포도의 형제자매 찾기 _ 『이게 정말 사과일까?』 96
웜기어 키트로 자동차 만들기 _ 『검피 아저씨의 드라이브』 100
색다른 맛 셔벗 만들기 _ 『달 샤베트』 106
뚝딱뚝딱 텔레비전 만들기 _ 『고물 텔레비전의 황금 시간』 112
나만의 창작 동화 만들기 _ 『맛있는 이야기책』 118
상자로 미니 농구장 만들기 _ 『운동이 최고야』 126

나만의 아름다움을 발견하는 그림책 놀이 – 심미적 감성 역량

스트링 아트로 에펠탑 만들기 _ 『북극곰 퐁퐁이 숨어 있는 오르세 미술관 3』 134

나도 해바라기! _ 『New 첫 명화 그림책: 반 고흐 Van Gogh』 140

우리 반 친구들 색칠하기 _ 『우리 반』 144

가족 얼굴 그리기 _ 『아빠 얼굴』 150

다양한 시점으로 그리기 _ 『위를 봐요!』 155

더불어 살아가는 마음을 키워 주는 그림책 놀이 - 의사 소통 · 공동체 역량

독재자와 좋은 대통령 비교하기 _ 『독재란 이런 거예요』 162

듣고 싶은 말, 듣고 싶지 않은 말 _ 『괜찮아』 168

등장인물의 감정을 한 단어로 정리하기 _ 『아빠, 미안해하지 마세요!』 174

섬에 얽힌 역사 생각하고 멸종 동물 만나 보기 _ 『독도는 외롭지 않아』 179

자음과 모음으로 낱말 만들기 _ 『낱말 공장 나라』 185

이웃 나라에 사는 친구들 그리기 _ 『내가 라면을 먹을 때』 190

부록

부모를 위한 그림책 놀이 Q&A 196

소요 시간별 그림책 놀이 198

난이도별 그림책 놀이 199

활동 종류별 그림책 놀이 200

그림책 목록 201

추천의 글 204

아이의 핵심 역량을 길러 주는 그림책 놀이

그림책 놀이를 시작하면서 중요하게 생각한 것 중 하나가 바로 '역량'이었습니다. 교육 과정에서는 아이들이 현실에서 직면하게 되는 갖가지 문제 상황을 효과적으로 해결할 수 있는 능력에 관해 '역량'이라는 키워드를 제시합니다. 여러 역량들이 있겠지만 크게 여섯 가지로 분류되지요. 자기 관리 역량, 지식 정보 처리 역량, 창의적 사고 역량, 심미적 감성 역량, 의사 소통 역량, 공동체 역량으로 정리할 수 있습니다. 교육 과정에서 다루고 있다는 이유 때문이 아니더라도 이 역량들은 아이들의 성장에 의미 있는 지침이 됩니다.

자기 관리 역량은 자아를 탐색하는 일, 나의 생활을 꾸리고 돌보는 일 등과 관련이 있습니다. 몸을 아끼고 사랑하며 건강하게 가꾸는 일, 마음을 들여다보는 일, 꿈과 미래를 진지하게 생각하는 시간, 계획을 세우고 실천하는 과정, 청소하는 일처럼 주변 정리를 하는 것 등이 모두 자기 관리 역량에 관한 활동이지요.

지식 정보 처리 역량은 주로 복잡해 보이는 문제를 해결하는 과정에서 발휘됩니다. 새로운 지식을 배우고, 그것을 활용할 줄 아는 능력, 정보를 머릿속에서 재조합해 하나의 결론을 도출하는 능력이 여기에 해당합니다.

창의적 사고 역량은 새로운 관점, 기존의 것을 다른 방향에서 볼 수 있는 시각입니다. '창의적'이라고 하면 새로운 기획을 하고, 음악이나 미술 작품을 만들어 내는 활동으로만 생각하기 쉽지만 사실 창의성은 좀 더 넓은 개념으로 설명할 수 있습니다. 어떤 문제에 부딪혔을 때 다양한 해결 방법을 찾아 내는 것 또한 창의적인 역량이라 할 수 있지요.

심미적 감성 역량은 다양한 작품, 문화를 보고 그 의미를 이해하고 공감하는 능력입니다. 예술이나 인류 문화 유산에서 아름다움을 느끼고 거기에 깃든 의미를 발견할 줄 아는 역량이지요.

의사 소통 역량은 나의 생각과 감정을 건강하게 표현하고, 타인의 이야기에도 경청하며 소통할 수 있는 역량입니다. 공동체 역량은 이웃, 환경, 역사 등 우리 사회의 중요한 이슈에 관심을 기울일 줄 알고 사회의 다양한 구성원들이 더불어 살아가는 방법을 고민할 줄 아는 능력이지요.

역량	의미
자기 관리 역량	자아정체성과 자신감을 가지고 자신의 삶과 진로에 필요한 기초 능력과 자질을 갖추어 자기 주도적으로 살아갈 수 있는 역량
지식 정보 처리 역량	문제를 합리적으로 해결하기 위하여 다양한 영역의 지식과 정보를 처리하고 활용할 수 있는 역량
창의적 사고 역량	폭넓은 기초 지식을 바탕으로 여러 전문 분야의 지식, 기술, 경험을 융합적으로 활용하여 새로운 것을 창출하는 역량
심미적 감성 역량	인간에 대한 공감적 이해와 문화적 감수성을 바탕으로 삶의 의미와 가치를 발견하고 공유하는 역량
의사 소통 역량	자신의 생각과 감정을 효과적으로 표현하고 다른 사람의 의견을 경청하며 존중하는 역량
공동체 역량	지역·국가·세계 공동체의 구성원에게 요구되는 가치와 태도를 가지고 공동체 발전에 적극적으로 참여하는 역량

아이들은 성장 과정에서 많은 경험을 하며 이 역량들을 발달시켜 갑니다. 가깝게는 가족이라는 울타리 안에서 돌봄을 받고 행복감을 느끼고 때로는 꾸중을 듣기도 하면서 타인과 소통하는 경험을 하지요. 또래 친구와 관계, 어린이집이나 학교 같은 사회적인 울타리에서 여러 지식을 본격적으로 습득하고 다양한 감정을 겪으며 타자와 관계 속에서 나의 모습을 재정립하기도 하고요.

그 경험 중 하나가 바로 '놀이'입니다. 피아제와 비고츠키를 비롯한 내로라하는 수많은 학자들도 놀이를 중요하게 생각했지요. 독일의 교육자이자 유치원의 창시자인 프뢰벨이 '놀이란 유아 내면의 필요와 욕구, 내적인 세계를 표현하는 활동'이라고 한 이야기도 의미 있게 볼 만합니다. 아이들은 놀이를 통해 경험하지 못한 세상을 탐험하며 글로 배우지 않는 새로운 정보를 받아들이고 이를 자신의 지식으로 체계화할 수 있지요. 친구와 함께하는 과정을 통해 자신의 존재와 역할도 인식할 수 있습니다. 느낌, 감정, 생각 등을 표현하고 사회적 역할을 배우며 성장하기도 하지요. 삶에 필요한 기초적 능력을 익히고, 친구들과 협동하며 상호 작용하는 공동체 역량을 키워 나갈 수도 있습니다. 아이들에게 놀이란 사회 구성원으로서 살아갈 수 있는 힘의 원천, 우리에게 꼭 필요한 '밥'과 같다고 할 수 있지요.

요즈음 많은 사람들이 '어떻게 놀아야 제대로 노는 것인지' 정확히 알지 못하는 것 같습니다. 아이들의 시선을 붙잡아 두기 위해 스마트폰으로 동영상을 틀어 두기도 하고 간편하게 살 수 있는 장난감을 안겨 주며 아이가 알아서 시간을 보낼 수 있길 바라기도 합니다. 하지만 아이가 스크린 미디어에 노출되는 일이 두뇌 발달에는 크게 효과적이지 못하다는 여러 연구 결과를 생각해 보면 가볍게 넘길 수 있는 상황은 아닙니다.

아이와 교감하는 시간을 보내려고 할 때, 그 물꼬를 어떻게 터야 할지 감이 오지 않는다면 그림책 읽기와 관련 책놀이를 접목해 보세요. 그림책은 미국소아학회에서 '태어날 때부터 읽어 주길 권한다'고 할 정도로 긍정적인 요소가 많은 매체입니다. 문학적 특성과 미술적 특성을 고루 갖추었고, 캐릭터가 보여 주는 정서에 반응하고 공감하며 대화 능력을 높이는 데에도 탁월합니다.

재미있게 읽은 책과 연관 지어 놀이를 하면 머릿속에 남아 있는 책의 선명한 기억이 놀이 활동에 자극제가 되어 줍니다. 아이와 뭘 하고 놀아야 할지 쉽게 떠오르지 않을 때 가장 먼저 떠올릴 수 있는 매체이기도 하지요. 그림책 읽기와 책놀이는 교과 과정에서 제시하는 핵심 역량을 기르는 데에도 도움이 됩니다. 예를 들면 그림을 활용한 활동지로 내가 좋아하는 것과 싫어하는 것을 정리하며 취향과 선호를 파악할 수 있고 그림책에서 지도가 어떤 역할을 하는지 생각해 보며 스스로 지리 정보를 종합해 볼 수도 있습니다. 이야기 만드는 과정을 보여 주는 그림책을 읽고 나만의 동화를 창작하며 창의적인 사고를 해 볼 수도 있습니다. 세계 시민 의식과 관련된 그림책을 읽고 미래를 이끌어 갈 예비 사회인으로서 어떤 관점으로 우리 사회를 바라봐야 하는지도 생각해 볼 수 있지요. 따라서 책놀이를 함께하는 부모 혹은 교사가 적절한 독서와 놀이를 안내한다면 아이들은 다양한 역량을 키워 갈 수 있지 않을까요?

아이에게 조금만 시간을 내어 주세요. '놀아 준다'는 마음이 아니라 '함께 즐겁게 논다!'는 생각으로 아이를 들여다보면 그곳에 반짝이는 성장이라는 열매가 기다리고 있을 것입니다.

이 책의 등장인물

아빠

- 학교에서는 학생들 생각, 집에 오면 아이 생각, 언제나 아이들과 함께하고 싶은 에너지 넘치는 교사!
- 아이에게 그림책을 읽어 주며 그림책과 덩달아 사랑에 빠진 어른.
- 아이를 위한 수제 맞춤 놀이를 궁리하다 보니 교과 관련 메이커 키트 제작에도 도전!
- 메이커 교육을 위한 20종의 교수학습 과정안 제작.

준이

- 기억 안 나는 갓난아기 시절부터 아빠의 그림책과 함께해 여전히 그림책을 좋아하는 중!
- 세상 모든 것이 궁금한 호기심 어린이.
- 뚝딱뚝딱! 요리조리! 꼬물꼬물! 손으로 만드는 활동이 즐거운 프로 메이커.
- 이 책에 실린 활동은 5~9세 때의 이야기로, 여전히 그림책과 만들기를 좋아하며 성장하는 중.

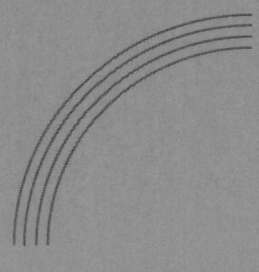

1

나를 알아 가는
그림책 놀이

자기 관리 역량

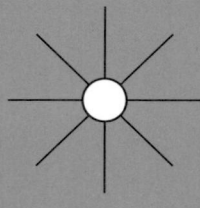

몸속 탐험하기

놀이 시간 | 30분
놀이 종류 | 수학·과학 놀이
놀이 난이도 | ★★★☆☆

인체는 신비로운 영역입니다. 아주 작은 원자들이 모여 분자가 되고 분자들이 모여 세포를 형성하지요. 세포들은 무리 지어 피부, 지방 등 우리 몸의 조직을 이룹니다. 조직은 모여 기관이 되고 기관을 중심으로 열두 가지 체내 계통이 만들어집니다.

어떻게 이렇게 복잡하고 거대한 체계가 만들어졌는지 하나하나 생각해 보면 인체라는 세계는 그저 신비하기만 합니다. 자신의 몸 안에 어떤 것들이 있는지 직접 그리며 그 신비한 세계를 알아보면 어떨까요?

● 그림책 미리 보기

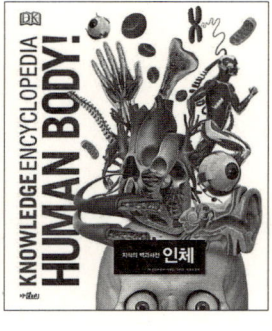

지식의 백과사전: 인체
DK 편집부 편저, 박유진·이시은·최윤희 공역, 지식갤러리, 2018

우리 몸속 기관들을 아주 생생하게 담은 책입니다. 최신 의학 영상 이미지도 담아 세밀하게 몸속을 보여 주지요. 신체 계통, 머리와 목, 가슴과 등, 팔과 손 등으로 내용을 분류해 체계적으로 살펴볼 수 있습니다. 다양한 수치를 곁들인 친절한 설명 덕분에 몸에 관한 이해가 더 쉬워집니다. 자, 이 책으로 아이들이 자기 몸과 더 친해질 수 있도록 재미있게 놀아 볼까요?

● 활동 살펴보기

준비물 | 전지 4장(종이를 붙였을 때 아이 몸보다 크면 됨), 테이프, 색연필

준이는 우리 몸에 궁금한 점이 많은 아이입니다. 집에 있는 책들 중에서 신체에 관련된 책을 자주 읽었지요. 그림책을 보고 나면 우리 몸 구석구석에 관해 자주 물어봅니다.

　　몸과 관련된 책 중 『지식의 백과사전: 인체』는 준이가 여러 번 꺼내 보았습니다. 인체 그림이 입체적으로 자세하게 잘 나와 있어 흥미롭게 읽은 모양입니다.

　　"준아. 우리 몸 안에 뭐가 있는지 알게 되니까 어때?"

　　"신기해."

　　"뭐가 신기했을까?"

나를 알아 가는 그림책 놀이

"나는 아빠보다 키도 몸집도 작은데 이 안에 근육도 있고, 피도 있고, 심장도 있고…… 뭐가 많이 있어서 내가 걷고 말하고 친구들이랑 놀 수 있다는 게 참 신기해."

인체와 관련된 책들을 여러 번 본 준이는 몸속 기관들의 정확한 명칭들을 이야기합니다. 오늘은 직접 그리고 색칠하며 몸속을 탐험해 보는 놀이를 하기로 합니다.

먼저, 전지 4장을 테이프로 붙입니다. 마땅한 종이가 없으면 쌓여 있는 택배 상자를 펼쳐 연결해도 좋고, 벽걸이 달력에서 날짜 지난 부분을 뜯어 뒷면을 활용해도 좋겠습니다. 아이가 종이 위에 누웠을 때 몸 윤곽선을 여유 있게 그릴 정도로 종이들을 붙이면 됩니다.

아빠는 종이 위에 누운 아이의 몸을 따라 연필로 몸 윤곽선을 그립니다. 연필이 몸을 스칠 때마다 아이는 간지럽다고 큭큭대며 몸을 꿈틀댑니다.

아이의 몸 윤곽을 모두 그린 후에는 『지식의 백과사전: 인체』 책을 옆에 두고 본격적으로 몸속 탐험을 시작합니다. 아이는 먼저 내부 장

아이에게는 간지럼을 참으며 몸 윤곽이 그려질 때까지 기다리는 과정 그 자체로 재미난 놀이가 될 수 있습니다. 부모에게는 아이가 얼마나 성장했는지 실감할 수 있는 소중한 시간이 되기도 하고요.

기를 보호하는 뼈를 그렸습니다.

그다음에는 뼈를 둘러싸고 있는 근육을 그리기 시작합니다. 근육은 자세를 똑바로 유지해 주며 몸을 이리저리 움직일 수 있도록 도와주는 역할을 합니다.

이제는 몸의 통신과 제어를 담당하는 신경을 그립니다. 뼈, 근육, 신경을 그릴 때 한 가지 색만 사용하면 각 기관을 구분하기 쉽지 않습니다. 그래서 아이는 서로 다른 색깔의 색연필을 사용합니다.

마지막으로 우리가 먹고 마시고, 숨을 쉬고, 배설하는 일과 관련된 소화기관, 호흡기관, 비뇨기관을 차례대로 그려 넣습니다.

아이는 이렇게 『지식의 백과사전: 인체』를 다시 보며 몸속 탐험을 떠났습니다. 아이와 키가 똑같은 종이 속의 친구는 거실 한쪽 벽면에 붙여 놓기로 합니다.

● 생각 나누기

1년 전에 서점에서 벽에 걸 수 있는 인체 그림을 구입한 적이 있습니다. 아이가 인체에 관심을 보이고 있던 터라 그 그림을 거실에 붙여 두었었지요. 하지만 다음 날 아이는 아빠가 붙여 놓은 그림이 무섭다며 떼어 달라고 합니다. 그림을 보며 인체에 관해 많이 알았으면 하는 바람이었는데 아이가 싫어하니 하는 수 없이 바로 떼어 냈습니다.

오늘 그린 인체 그림은 1년 전 아빠가 산 인체 그림보다 더 무섭게 생겼습니다. 얼굴은 사람 같지 않고 신체의 각 부분은 정확한 위치에 있지 않기도 합니다. 크기도 실제 어린아이 키와 비슷해서 밤에 보면 깜짝 놀랄 수도 있습니다. 하지만 아이는 자신이 직접 그린 그림을 좋아합니다. 귀엽다고 합니다. 이

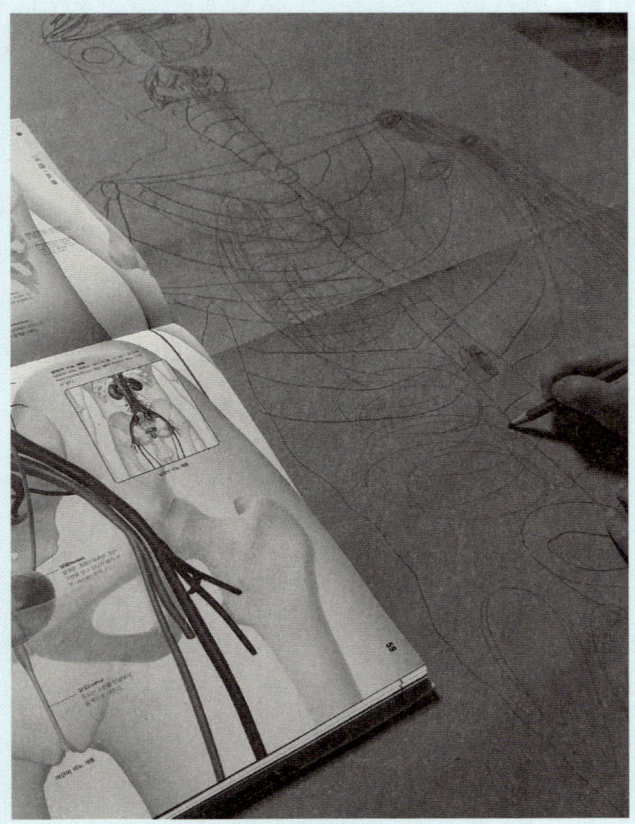

직접 그린 그림이라 아이가 더 친숙하게 느낍니다.

그림은 몇 달 동안 거실 벽면에 붙어 있었습니다.

자신의 몸을 탐구하는 일은 자아 정체성을 확립하는 아름답고도 중요한 과정입니다. 마음과 정신뿐만 아니라 몸 또한 우리가 공들여 가꾸어야 할 존재라는 점을 깨달을 수 있지요. 나의 작은 몸 안에 기관들이 연결되어 우주처럼 크고 넓은 세계가 있다는 사실을 알아 가며 스스로 얼마나 소중한 존재인지 되새겨 볼 수도 있습니다.

자신의 신체 기관을 따라 그리는 이 활동은 인체 구조를 눈으로만 인식하는 것을 넘어 주체적이고 적극적으로 몸을 들여다본다는 장점이 있습니다. 기관들을 분류하고, 직접 그리며 각 기관이 따로따로 존재하지 않고 유기적으로 연결되어 있음을 자연스럽게 터득할 수 있지요. 어느 하나 소중하지 않은 곳 없는 우리 몸! 이번 그림책 놀이를 통해 많은 아이들이 준이처럼 자신의 몸에 관심을 기울이는 시간을 보냈으면 하는 마음입니다.

②

좋아하는 것 싫어하는 것 기록하기

놀이 시간 | 10분
놀이 종류 | 언어 놀이
놀이 난이도 | ★★☆☆☆

학교에서 일어나는 많은 문제들을 해결하기 위해 가장 먼저 하는 것이 바로 아이의 이야기를 듣는 일입니다. 집에서도 마찬가지일 것입니다. 아이가 무엇을 좋아하고 싫어하는지를 정확히 아는 것이 아이를 이해하고, 아이와 함께 하며 마주할 갈등을 예방하는 첫걸음이라고 할 수 있습니다. 『이게 정말 나일까?』에는 주인공이 좋아하는 것과 싫어하는 것을 재미있는 방법으로 보여 주는 장면이 나옵니다. 커다란 망토에 작은 주머니를 여러 개 달아 좋아하는 것과 싫어하는 것을 넣어 두었지요. 이 그림을 활용해서 아이가 '좋고 싫음'을 표현할 수 있는 간단한 활동지를 만들기로 합니다.

● 그림책 미리 보기

이게 정말 나일까?
요시타케 신스케 글·그림, 김소연 옮김, 주니어김영사, 2015

주인공은 하기 싫은 것이 있습니다. 숙제, 심부름, 방을 청소하는 일도! 그래서 남몰래 '나'를 대신할 로봇을 구매합니다. '가짜 나 작전'이 들키지 않으려면 로봇에게 내가 어떤 사람인지 설명해야 하지요. 나는 누구이고, 어떤 사람들과 관계를 맺고 있을까요? 나는 어떻게 생긴 사람일까요? 좋아하는 것과 싫어하는 것, 잘하는 것과 못하는 것은 무엇일까요? 책장을 넘기며 우리도 내가 누구인지 스스로의 여러 모습을 생각해 볼 수 있습니다.

● 활동 살펴보기

준비물 | 파워포인트 프로그램(활동지는 A4용지에 출력함), 아이의 사진 파일, 연필

아이가 크면서 좋아하는 것과 싫어하는 것이 명확해졌습니다. 어렸을 때는 아빠가 하자고 하는 것, 읽자고 하는 것, 먹자고 하는 것 등을 그대로 따랐습니다. 하지만 몸이 커 가고 생각이 자라면서 자신의 의견을 분명하게 이야기합니다. 아빠의 생각이 자기의 생각과 다를 때는 싫다고 표현하고 짜증 섞인 반대 의견을 말하기도 합니다. 어떤 때는 자신의 마음을 모두 이야기하지 않기도 합니다. 아빠, 엄마가 어떤 반응을 보일지 스스로 판단할 수 있을 만큼 생각이 자랐나 싶을 때도 있지요.

오늘 아이와 읽은 그림책에는 주인공이 좋아하는 것 여섯 가지, 싫어하는 것 여섯 가지를 기록한 주머니가 그려져 있습니다. 내용을 보면 주인공을 조금 더 잘 알게 됩니다. 아이 역시 좋아하는 것과 싫어하는 것이 분명해지고 있어 이 장면을 활용해 책놀이를 하기로 합니다.

아이가 잠든 사이 파워포인트 프로그램으로 빠르게 활동지 하나를 만듭니다. 아이 사진 한 장을 골라 가운데에 배치하고 좋아하는 것과 싫어하는 것을 적을 주머니를 각각 네 개씩 사진 크기를 고려해 적당한 크기로 만듭니다. 아이가 글씨를 크게 쓴다면 주머니 크기를 키우고, 작게 쓴다면 주머니 개수를 늘려도 좋습니다. 많은 시간을 투자하면 멋지고 화려한 활동지를 만들 수 있지만 어른에게도 다음 날 바쁜 하루가 기다리고 있기에, 지나치게 정성을 쏟기보다 어느 정도 완성되었다면 활동지를 출력해 줍니다.

컴퓨터를 사용하지 않고 종이에 직접 쓰고 그려도 좋습니다. 활동지를 얼마나 깔끔하게 만드는지는 중요하지 않습니다. 이 책놀이는 아이와 대화할 시간을 만든다는 것 그 자체로 의미가 있다고 볼 수 있지요.

다음 날 아빠는 퇴근해서 어젯밤에 만든 활동지를 꺼내 놓습니다. 그러자 아이는 그림책에서 본 걸 떠올리고 '좋아하는 것'과 '싫어하는 것' 주머니를 빠르게 채우기 시작합니다. 무턱대고 '앉아서 적어 보자'고 했다면 아이는 이렇게 흥미를 가지지 않을 것입니다. 그림책에 있는 한 장면을 활용하니 놀이처럼 생각하고 관심을 보입니다. 스스로 무언가를 할 수 있는 준비가 된 것이지요.

"그런데 아빠, 주머니가 부족한데 옆에 더 적어도 돼?"

활동지에 좋은 것, 싫은 것을 기록할 주머니를 4개씩 그렸지만 아이의 입장에서는 쓸거리가 많았나 봅니다. 아이가 스스로 무엇을 좋아하고 무엇을 싫어하는지 분명하게 안다는 것, 누군가와 함께 이야기하는 자리에서 그것을

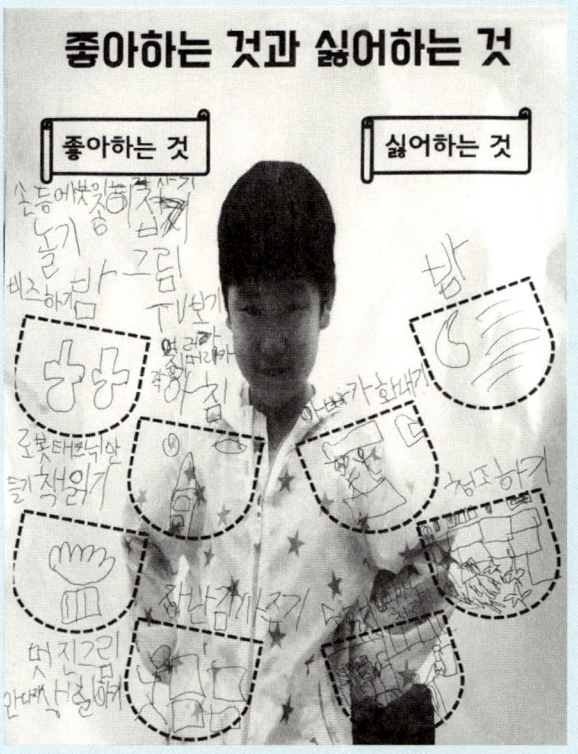

무엇을 좋아하고 싫어하는지 적다 보니 재미있었는지 빈 공간을 활용해 더 빼곡이 채워 나갑니다. 자신의 좋고 싫음을 떠올려 써 나가는 과정에서 아이가 자기내면을 잘 알 수 있고 표현력도 기를 수 있게 됩니다.

나를 알아 가는 그림책 놀이

솔직하게 표현하려고 한다는 사실을 미처 알지 못했던 것 같습니다. 바쁘다는 핑계로 아이를 세심하게 들여다보지 못했구나, 생각하게 됩니다.

시간이 지나자 주머니 외에도 활동지의 비어 있는 곳에 '좋아하는 것'과 '싫어하는 것'이 빼곡하게 채워집니다.

좋아하는 것
손등에 붙이는 종이 사기 | 종이접기 | 놀기 | 비즈하기 | 밤 먹기 | TV보기 | 여러 가지 머리카락 붙이기 | 아침 | 로봇 테크닉 만들기 | 책 읽기 | 멋진 그림 그리기 | 만다라 색칠하기 | 장난감 사 주기

싫어하는 것
밤(달을 함께 그림) | 아빠가 화내기 | 청소하기 | 수학 | 피아노 치기

'싫어하는 것' 주머니에 적힌 '아빠가 화내기'를 보니 순간 뜨끔합니다.

"아빠, 나는 아빠가 너무 좋은데, 근데…… 나에게 화낼 때가 가장 싫어. 앞으로 화내기 전에 꼭 세 번 좋은 말을 해 주고 그래도 내가 말을 안 들으면 그때 화를 내 줘."

아이가 계속 장난을 치거나 말을 듣지 않을 때 바로 혼내는 것을 당연하게 생각해 왔습니다. 하지만 그럴 때마다 아이는 자신을 조금 더 이해해 주고 기다려 주기를 바라고 있었습니다. '좋아하는 것'과 '싫어하는 것'을 기록하는 간단한 놀이는 아이와 관계를 다시 돌아보는 시간이 되어 주기도 합니다.

● **생각 나누기**

자신의 마음을 표현하는 활동은 성장 과정에서 매우 중요한 일입니다. 건강

하게 자기표현을 할 줄 알아야 가족과 유대 관계를 형성할 수 있고, 또래 친구와도 바람직한 상호작용을 할 수 있습니다. 아이가 스스로 무엇을 좋아하고, 또 무엇을 싫어하는지 아는 것은 자기표현의 첫걸음이기도 합니다.

학교에서 아이들을 가르치다 보면 쉽게 자신의 마음을 보여 주지 않는 아이들을 종종 만납니다. 자주 이야기를 나누고 관심을 보이고 함께하는 시간이 늘어나면 그 아이들도 조금씩 저에게 자신의 마음을 표현합니다. 마음속에 곪아 있는 상처를 가진 초등학교 고학년 아이들을 보면 '이 아이들이 좀 더 어릴 때 다른 사람과 많은 대화를 나누고 사랑과 관심을 주고받았더라면 좋았겠다.' 하는 생각이 듭니다.

이번 놀이는 '좋아하는 것'과 '싫어하는 것'을 쓰는 단순한 활동이지만 아이는 부모에게 그동안 가지고 있던 서운하고 화가 난 마음까지 표현합니다. 이런 부정적인 감정은 말하고 글로 쓰면서 조금씩 조금씩 사그라들게 되지요. 이맘때 아이들은 좋고 싫은 것이 자주 바뀌기도 하기 때문에, 아이가 무엇을 좋아하고 싫어하는지 자주 들여다봐 주세요. 자기 마음을 꺼내놓을 때, 그리고 그 순간을 부모가 함께 공감해 줄 때 아이의 건강한 자기표현이 시작되는 건지도 모르겠습니다.

페트병을 활용한 정리 상자 만들기

놀이 시간 | 30분
놀이 종류 | 살림 놀이
놀이 난이도 | ★★★☆☆

정리를 잘 하지 않는 아이를 보면 잔소리를 하게 됩니다. "어지럽히지 마!"
"안 돼!" "치워야지!" 하며 이야기를 하다 보면 부모 입장에서도 마음이 좋지
않고 잔소리를 듣는 아이도 마찬가지이겠지요. 그림책 『안 돼, 데이비드!』의
주인공도 집 안을 어질러 놓는 데 일가견이 있습니다. "안 돼."라고
말하기 전에 아이가 혼자 정리하는 방법을 알려 주고 동기를 심어 준다면
어떨까요? 이번에는 정리 상자 만들기 놀이를 해 보기로 합니다. 스스로
만든 정리함에는 더 애착이 생길 수 있고, 치우는 일도 즐겁게 할 수 있지
않을까요?

● 그림책 미리 보기

안 돼, 데이비드!
데이비드 섀넌 글·그림, 김경희 옮김, 주니어김영사, 2020

데이비드는 왜 '안 돼!'라는 말을 들을까요? 밖에서 흙 묻히고 집 안에 들어오기, 물 마구 틀기, 장난감 치우지 않기, 높은 의자에 올라가기, 프라이팬 두드리기 등 데이비드가 가는 곳마다 소란이 끊이지 않거든요. 그러다 결국 데이비드는 화분을 깨뜨리는 사고를 치고 모퉁이에 앉아 벌을 받습니다. 사고뭉치 데이비드, 하지만 데이비드를 향한 엄마의 사랑은 변하지 않습니다.

● 활동 살펴보기

준비물 | 1.5~2리터 용량의 사각 페트병, 물티슈 뚜껑, 글루건, 테이프, 가위, 칼, 택배 상자, 색연필

준이는 만들기를 좋아합니다. 무언가를 만들고 나면 다음에 또 쓸 수 있는 자투리 재료가 많이 나오는데 이것들이 거실 이곳저곳을 굴러다니지요.

그래서 아이에게 치우고 정리하라는 이야기를 많이 합니다. 치우지 않으면 버리겠다고 협박 아닌 협박도 하지요. 그럴 때마다 울상을 짓는 아이의 표정을 보면 아빠 마음도 좋지 않습니다.

"준아, 아빠가 치우라고만 해서 속상했지?"

"어, 나도 치우고 싶은데 아빠가 화내니까 더 치우기 싫고 짜증이 났어."

곰곰 생각해 보면 아이에게 잔소리만 많이 했지 정작 아이가 소중하게

나를 알아 가는 그림책 놀이   **31**

여기는 것들을 담을 공간을 마련해 주지 않았습니다. 오늘은 아이가 스스로 정리할 수 있도록 멋진 정리 상자를 만들기로 합니다. 먼저 1.5~2리터 크기의 사각 페트병과 다 쓴 물티슈 뚜껑을 준비합니다.

물티슈 뚜껑보다 조금 더 작게 페트병 아래쪽에 사각형 구멍을 뚫습니다. 예를 들어 물티슈 뚜껑의 가로가 6센티미터, 세로가 10센티미터라면 페트병에 뚫을 사각형 구멍은 그보다 1센티미터 정도 작게 만듭니다. 1센티미터 정도 차이가 있어야 물티슈 뚜껑이 페트병 구멍을 덮어 지저분한 부분이 겉으로 나오지 않을 수 있습니다. 페트병을 칼로 자르는 일은 아이가 하기에 위험한 작업입니다. 따라서 아빠가 사각형 구멍을 만들어 줍니다.

이제 그 위로 물티슈 뚜껑을 붙여 주어야 합니다. 이때 페트병에 바로 글루건을 사용하면 플라스틱 재질인 페트병이 녹아 버립니다. 사각형 구멍 가장자리에 테이프를 붙이고 그 위에 글루건으로 접착제를 발라야 플라스틱이 녹지 않습니다. 접착면에 물티슈 뚜껑을 붙인 후 10초 동안 꾹 눌러 줍니다. 이제 물티슈 뚜껑과 페트병이 떨어지지 않겠지요.

아이는 작은 물건들을 정리함에 넣습니다. 큰 상자 안에 넣었을 때는 찾기 힘들었지만 투명한 상자에 넣으니 눈에 쉽게 보입니다. 물티슈 뚜껑만 똑딱 하고 열면 바로 필요한 물건을 찾을 수 있어 편리합니다.

다음 날, 아이와 함께

물티슈 뚜껑을 붙여 만든 정리 상자.

그림책 『빨간 버스』를 읽고 있었습니다.

"아빠, 어제 우리가 만든 정리 상자도 버스처럼 꾸미면 좋을 것 같아."

아이는 페트병 정리 상자 리모델링 작업에 들어갑니다. 작업을 수월하게 하려면 먼저 안에 담긴 작은 물건들을 모두 빼야 합니다.

버스에는 커다란 바퀴가 있습니다. 타퀴는 슬라임 뚜껑이나 화장품 용기로 쓰는 원형 통을 활용해 만듭니다. 안 쓰는 택배 상자에 뚜껑이나 통을 올려 동그랗게 본을 뜨고 자르면 두꺼운 바퀴가 완성됩니다. 이렇게 바퀴 네 개를 오린 후 바큇살 모양을 그리고 색도 칠해 줍니다.

아이가 만든 네 개의 버스 바퀴는 모두 다른 모양을 하고 있습니다. 오며 가며 보았던 차바퀴도 있고 상상해서 만든 새로운 바퀴도 있습니다.

이제 플라스틱 자동차 몸통에 바퀴를 붙여 주기만 하면 됩니다. 글루건으로 자동차 바퀴를 붙이니 훨씬 더 멋진 정리 상자가 되었습니다.

아이도 자동차 정리 상자가 마음에 들었나 봅니다. 처음에는 만들기를 하다 남은 재료들을 넣는 용도였지만 이제는 시계, 팔찌, 목걸이 등 소중한 것들을 넣는 정리 상자로 탈바꿈했습니다.

● 생각 나누기

일반적으로 어린아이는 2세 정도가 되면 왼발, 오른발 구분은 못 하더라도 스스로 신발을 신을 수 있으며, 3~4세가 되면 표시된 선을 따라 종이를 가위로 자를 수 있습니다. 그리고 4~5세가 되면 연필을 정확히 잡을 수 있고 선 안쪽으로 색을 칠할 수도 있습니다. 초등학교 입학 전이라 할지라도 6세 정도가 되면 스스로 물건을 치울 수 있게 되는 셈이지요.

발달 정도에 따라 할 수 있는 활동이 조금씩 차이 나기는 하지만 그래도

정리 상자에 바퀴가 생기니 상자 그 자체로도 또 하나의 놀잇감이 됩니다.

아이들은 어른이 생각한 것 이상으로 스스로 할 수 있는 능력을 지닌 존재입니다. 아이가 어리다고해서 직접 치우고 정리할 기회를 주지 않거나, 아이가 서툴다며 어른이 대신해 주는 방향은 바람직하지 않지요. 시행착오를 극복하도록 지켜보고, 기다리고 이끌어 주는 것이 어른의 역할일 것입니다.

아이와 함께 정리 상자를 만들면서 정리 정돈이 왜 필요한지 어떤 방식으로 하면 좋은지 이야기를 나누었습니다. 아빠가 먼저 정리하는 방법도 시범을 보였지요. 아이는 더욱 관심을 가지고 정리 상자를 아껴 쓰고 있습니다. 정리 정돈의 큰 틀은 부모가 정하고 일관되게 유지해야 하지만 세세한 내용은 아이 스스로 정하도록 하는 과정도 필요합니다. 직접 생각하고 결정한 것이기에 실천 의지가 더욱 강해지고 정리 습관도 오랫동안 지속할 수 있습니다.

정리 상자 하나를 만드는 활동이었지만 아이는 재미나게 책놀이를 했고 자기 스스로 좋은 습관을 만들고 실천할 수 있었으며 아빠는 아이와 함께 대화도 나누게 되었습니다. 하나의 활동이 1석 3조의 효과를 준 셈이네요.

꿈 핀볼 만들기

놀이 시간 | 40분 이상
놀이 종류 | 만들기 놀이
놀이 난이도 | ★★★☆☆

꿈을 품는 일은 모든 사람에게 허락되어 있습니다. 하지만 누구는 그 꿈을 현실에서 이루고 또 어떤 사람은 생각 자체에서 그치기도 합니다. 노력이라는 차이도 있겠지만 꿈에 가까워지려고 의식적으로 생각하는 마음 상태도 무시할 수 없을 것입니다. 자신의 꿈을 이루기 위해서 극복해야 할 일을 미리 생각하는 과정도 필요합니다. 이것을 놀이와 연관시키면 어떨까요?

핀볼은 상자 안에서 구슬을 움직이는 놀이로, 상자에는 구슬을 방해하는 여러 장애물들이 있습니다. 집에 있는 재활용 상자와 플라스틱 공을 활용해 꿈 핀볼을 만들어 보겠습니다. 공이 굴러가는 길을 꿈의 실현 과정으로, 장애물을 아이가 겪을 어려움으로 바꾸어 생각하면 의미 있는 놀이가 될 것 같습니다.

● 그림책 미리 보기

무슨 꿈이든 괜찮아
프르체미스타프 베히터로비츠 글, 마르타 이그네르스카 그림,
김서정 옮김, 마루벌, 2014

엄마 황새, 백장어 가족, 꼬마 불, 하루살이, 해
마 사총사, 카펫, 우물, 강, 부엉이에게는 각기
다른 꿈이 있습니다. 거창한 것이 아닙니다. 늘
어지게 쉬거나, 가족과 함께 산을 오르거나 밴드
를 만드는 등 생활 속에서 만날 수 있는 소소한
것들입니다. 작지만 행복한 꿈을 꾸는 등장인물들을 보면서 일상의 소중함을
만날 수 있습니다.

● 활동 살펴보기

준비물 | 높이가 낮은 재활용 상자(나무젓가락 길이보다 5센티미터 여유 있는 길이), 나무젓가락,
골프공 정도 크기의 플라스틱 공, 가위, 글루건, 네임펜

　"준이는 꿈이 뭐야?"

　"자동차 박사도 되고 싶었고, 의사도 되고 싶었고 대통령도 되고 싶었어.
경찰관도. 그런데 지금은 의사랑 성우, 프로그래머, 가수가 되고 싶어."

　준이는 아직 꿈과 직업을 정확하게 구별하지 못합니다. 엄밀히 이야기하
면 꿈은 내가 실현하고 싶은 소망이나 이상을 말하며 직업은 생계를 꾸리는
수단을 이야기하는 것이지요. 하지만 이런 차이를 아이에게 이해시키는 일은
아직 큰 의미가 없습니다. 원하는 직업을 선택하고 그 일을 통해 원하는 삶을

나를 알아 가는 그림책 놀이　　**37**

펼칠 수 있다면 직업과 꿈이 함께 연결될 수 있겠지요. 일단 아이가 되고 싶어 하는 직업을 아이 말처럼 '꿈'이라 부르기로 합니다.

아이의 꿈이 이렇게 바뀌었는지 오늘에서야 알았습니다. 그동안 학교 이야기, 공부 이야기는 많이 했어도 아이가 무엇을 좋아하는지, 무엇이 되고 싶은지 큰 관심을 기울이지 않았거든요. 책을 통해 이야기 나눌 거리가 늘어나니 그림책을 함께 읽는 일은 부모에게도 의미 있는 시간입니다.

늘어지게 쉬고 싶은 꿈, 가족과 함께 산을 오르고 싶은 꿈 등은 다른 사람에겐 아무것도 아닌 작은 바람일 수 있지만 엄마 황새와 뱀장어 가족에겐 무엇과도 바꿀 수 없는 소중한 것입니다. 준이의 꿈은 아직 직업에 한정되어 있지만 자라면서 그림책에 등장하는 다양한 형태의 꿈을 품게 될 것입니다. 책 제목처럼 '무슨 꿈을 꾸든 괜찮지만' 아이가 꿈을 이루는 과정에서 만날 어려움을 예상해 보고, 그 이야기도 나눠 보면 어떨까요? 핀볼 놀이를 활용해 '꿈 핀볼'을 만들어 보겠습니다.

가장 중요한 재료는 재활용 상자입니다. 재활용 상자는 활용도가 높아서 평소에도 상자가 생기면 먼지를 털어 내 한쪽에 모아 두곤 합니다.

꿈 핀볼 원리는 간단합니다. 위에서 아래로 떨어지는 공은 재활용 상자의 바닥에 고정될 나무젓가락 조각 사이사이를 굴러 내려가 상자의 바닥에 도착합니다. 공이 도착하는 핀볼 아랫부분

공이 잘 굴러갈 수 있도록 나무젓가락 사이 간격을 적절하게 조정합니다.

에 아이의 꿈을 쓰기로 합니다. 공의 이동을 방해하는 나무젓가락 아래에는 꿈을 이루는 과정에서 만날 수 있는 장애물을 적기로 합니다.

"아빠, 꿈을 이루는 데 만나게 되는 장애물이 뭐야?"

"예를 들어 준이가 의사 선생님이 되려면 준이가 건강해야 다른 사람들을 치료해 줄 수 있잖아. 그런데 아프면 그게 힘들겠지?"

"그러면 아픈 몸이 장애물이겠네. 그럼 나는 아프지 않고 건강해서 의사 선생님이 될 거야."

플라스틱 공이 꿈을 향해 잘 내려가기 위해서는 나무젓가락을 2~3센티미터 정도로 잘라 세워서 일정한 간격으로 붙여야 합니다. 너무 짧게 자르면 공이 조각 위쪽으로 넘어가기도 하고 길게 자르면 글루건으로 고정하기 어렵습니다. 마구잡이로 붙이면 공이 사이를 통과하지 못하고 멈추기도 합니다. 그래서 먼저 나무젓가락을 상자에 붙이기 전에 공의 크기와 젓가락 사이 간격을 비교하는 과정이 필요합니다.

아이가 만드는 과정을 지켜보면 이것저것 조언하고 참견하고 싶기도 합니다. 그럴 때는 일단 아이의 생각을 인정하고 아이가 원하는 대로 하도록 해 주세요. 했는데 안 된다면 그때 수정하면 됩니다. 그래야 아이도 스스로 시행착오를 겪으며 거부감 없이 어른의 조언을 수용하게 됩니다.

꿈 핀볼을 만들었으면 상자 위쪽을 페트병 뚜껑, 책, 장난감 등으로 받쳐 경사를 만들어 줍니다.

"아빠, 내 꿈을 방해하는 것에는 우울증도 있어!"

"우울증이 뭔지 알아?"

"당연히 알지. 아무것도 하기 싫고 그냥 앉아 있는 거잖아. 우울증에 걸린 사람들은 웃지도 않고 나쁜 생각만 하면서 하루하루를 보내."

아이가 굴린 공이 나무젓가락 방해물들을 지나 꿈을 향해 굴러갑니다.

완성된 꿈 핀볼.

어떤 때는 의사가 되기도 하고 또 어떤 때는 프로그래머가 되기도 합니다. 시험과 건강, 카메라 공포증을 이겨 내면 성우가 되기도 합니다. 아이의 공이 어느 곳으로 나아갈지는 모르지만 장애물은 언제고 찾아올 수 있겠지요. 그때 아이는 이 놀이를 어떻게 기억하게 될까요?

● **생각 나누기**

많은 사람들이 꿈을 이루는 과정에서 장애물을 만납니다. 어떤 사람은 그 자리에 그대로 주저앉아 일어서지 못하고 어떤 사람은 훌훌 털어 버리고 다시 일어나 뚜벅뚜벅 걸어갑니다. 그 차이는 무엇일까요?

바로 '노력'을 계속하겠다는 마음가짐이 아닐까 합니다. 미켈란젤로는 자신의 업적에 찬사를 보내는 사람들을 보며 "지금의 경지에 이르기 위해 얼마나 열심히 일하고 또 일했는지 사람들이 안다면 내가 하나도 위대해 보이지 않을 것이다."라고 말했습니다. 미켈란젤로도 땀 흘리며 노력했는데, 우리는 많은 성공을 그저 '운'이라는 말로 쉽게 얘기하진 않는지 생각하게 됩니다.

오늘 아이는 놀이를 하면서 자신의 꿈과 장애물을 기록했습니다.

물론 준이가 놀이를 할 때처럼 모든 장애물을 쉽게 통과할 수 없다는 것도 압니다. 하지만 자신의 꿈을 이야기하고, 살면서 만날 장애물을 어떻게 헤쳐 나갈까 고민해 보는 과정에서 조금씩 성장할 수 있다는 사실은 분명하겠지요?

속상할 때 듣고 싶은 말 적기

놀이 시간 | 20분
놀이 종류 | 언어 놀이
놀이 난이도 | ★★☆☆☆

봄이 되면 아이들은 새로운 선생님, 새로운 친구들을 만나고 새로운 교실에서
생활하게 됩니다. 이전 학년보다 좀 더 심화된 지식도 배워야 하고요.
달라진 환경에 적응해야 하는 아이가 잘 지내는지, 부모 입장에서 궁금한
것이 많기도 합니다. 이럴 때 그림책을 함께 읽으며 아이에게 슬쩍 질문을
던지면 아이가 학교에서 즐거웠던 일이 무엇인지, 속상한 일이 있지는
않았는지, 언제 힘들었는지 등을 자연스럽게 이야기할 수 있습니다.
대화를 열어 줄 책으로 『틀려도 괜찮아』를 선택했습니다. 친구들과 선생님
앞에서 말하기 두려워하는 아이에게 틀릴 수 있다고, 자꾸자꾸 이야기하라고
북돋는 책이지요. 이 책을 함께 보면서 아이가 새로운 환경에서
주눅들게 되는 일을 만날 때, 스스로 자신감을 가질 수 있는 말을 찾아보려고
합니다.

● 그림책 미리 보기

틀려도 괜찮아
마키타 신지 글, 하세가와 토모코 그림, 유문조 옮김, 토토북, 2016

유치원에서 발표를 잘하던 아이도 학교에 가면 선생님과 친구들 앞에서는 말문이 막힐 때가 많습니다. 학교라는 낯선 환경, 다소 딱딱한 수업 분위기가 아이들을 두렵게 만들기 때문이지요. 이 책은 틀릴까 봐 머뭇거리는 아이들, 자신의 발표를 듣고 친구들이 웃을까 봐 두려워하는 아이들에게 자신감을 가지라고 이야기합니다. 교실은 틀리는 과정에서 답을 찾아가는 곳이라는 사실을 알려 주고, 아이들에게 용기를 심어 주는 책입니다.

● 활동 살펴보기

준비물 | 허니컴보드, 보드마카

이제 막 새 학년을 시작한 아이는 통합교과의 한 과목인 '봄'을 배우는 중입니다. 수업 시간에 꼬리잡기 놀이를 했다는 이야기를 들려주었지요. 그런데 아이가 꼬리를 놓치는 바람에 아이 편이 지고 말았나 봅니다. 기분이 좋지 않았다는 이야기에 덩달아 걱정이 됩니다. 경기에서 진 것보다 '자신 때문에' 졌다는 게 더욱 속상했을 것입니다. 이 시기의 아이들은 별거 아닌 듯 넘길 수 있는 일에도 스스로 의기소침해하고, 다른 친구를 쉽게 책망하기도 합니다. 친구들에게 따가운 눈총을 받지는 않았을지, '나 때문이야.'라며 풀죽어 있거나 같은 편 친구들에게 '너 때문에 졌어.'라는 말을 듣지는 않았을지…… 이런저런 생각이 들지만 걱정을 아이 앞에서 바로 표현하지 않기로 합니다.

"준아, 그림책을 보면 주인공이 발표할 때 틀릴까 봐 엄청 걱정하잖아. 준이도 학교에서 잘못할까 봐 속상한 적이 있어?"

"글자가 예쁘게 안 써지고, 숫자를 잘못 셀 때가 있어."

"그럴 때 준이 기분은 어때?"

"기분이 안 좋아. 화도 나고. 슬퍼."

그림책에서 아이에게 '틀려도 괜찮아.'라는 메시지를 전해 주는 것처럼 아이가 학교에서 속상했을 때 듣고 싶은 말을 함께 찾아보기로 합니다. 종이 대신 허니컴보드를 준비했지요. 허니컴보드는 벌집처럼 육각형 모양인 보드입니다. 간단한 내용을 적을 수 있는 크기이지요. 보드마카로 내용을 적고 언제든 다시 지우고 수정할 수 있어서 글자를 배우기 시작하는 아이가 두려움 없이 적기 좋습니다. 허니컴보드는 자석이 내장되어 있어 학교에서는 칠판에, 집에서는 냉장고 등에 붙여 놓고 내용을 한눈에 보기 유용합니다. 학교 현장에서 허니컴보드를 좀 더 심화해 활용할 때에는 색깔별로 내용의 성격을 분류해 적기도 합니다.

"준이가 학교에서 기분이 안 좋고, 화도 나고 슬플 때 어떤 말을 들으면 용기가 생길 것 같아?"

"음…… '힘내!' '도와줄게.' 그런 말을 들으면 좋을 것 같아."

아이는 허니컴보드에 또박또박 글씨를 적습니다.

"준이가 꼬리잡기한 다음에는 기분이 안 좋았다고 했잖아. 그때 친구들한테 듣고 싶은 얘기가 있었어? 친구들이 준이한테 뭐라고 말했으면 준이가 기분이 좀 나아졌을까?"

"그때는…… 다음에는 더 잘할 수 있다고 해 주고, 같이 연습해 보자고 해 주면 좋을 것 같아."

아이는 학교생활에서 힘들었을 때 듣고 싶었던 말을 하나씩 적어 갑니다. 그리고 허니컴보드의 한 변에 다른 허니컴보드를 이어 붙이면서 한 번 더 자신이 적은 내용을 읽습니다. '힘내.' '괜찮아.' '노력하면 할 수 있어.' '도와줄게.' '다음에는 더 잘할 수 있어.' '나랑 같이 연습하자.' 아이뿐만 아니라 함께 보는 어른도 왠지 든든해지는 문장입니다.

하룻밤이 지나면 다시 학교에 가게 될 아이. 아이는 기분이 좋지 않았던 순간의 기억을 잊고 친구들과 신나게 어울릴 수 있을까요? 아이가 기록한 이 말들이 학교에서 힘들고 지쳤을 때 순간순간 용기를 북돋아 주는 마법의 말들이 되었으면 좋겠습니다.

● **생각 나누기**

아이들이 자기주도적으로 살아가기 위해서는 자신감이 필요합니다. 할 수 있다는 자신감, 넘어졌을 때 훌훌 털고 바로 일어설 수 있는 그런 자신감 말이지요. 부모와 대화를 나누는 과정을 통해서도 자신감은 형성될 수 있습니다. 친하게 지내는 친구는 누구인지, 수업 시간에 구체적으로 무엇을 배우고 어떤 활동을 했는지 물어야 아이도 구체적인 이야기를 꺼내 줍니다. 즐거웠던 일, 화가 났던 일, 그리고 속상했던 일을 말하면서 자신의 마음을 표현하지요.

시무룩하고 풀 죽어 있는 아이에게 잠깐의 넘어짐은 언제든 극복할 수 있는 것이라고 알려 주세요. 스스로를 격려할 수 있는 말을 나 자신에게 해 주는 일은 아이가 성장하며 겪을 크고 작은 어려움 앞에서 다시 자신을 일으켜 세울 수 있는 힘이 되지 않을까요? 목표를 향해 달려가는 모든 아이들이 긍정적인 말의 힘을 통해 스스로에게 자신감을 불어넣을 수 있었으면 좋겠습니다.

2

생각하는 힘을 길러 주는
그림책 놀이

지식 정보 처리 역량

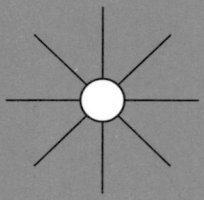

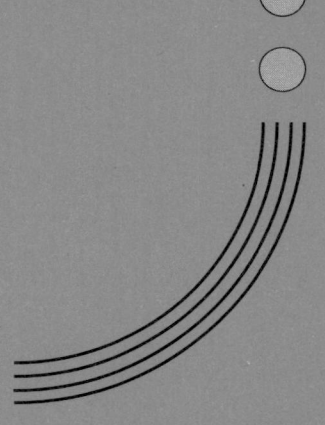

$\textbigcirc{1}$

이야기 순서 예상하기

놀이 시간 | 30분(문장 카드 만드는 시간 제외)
놀이 종류 | 언어 놀이
놀이 난이도 | ★★★☆☆

아이들이 많이 접하는 독후 활동 중 줄거리를 모르는 상태로 중심 사건을
순서에 맞게 나열하는 것이 있습니다. 이야기 흐름을 알지 못한 채로 사건과
사건의 인과 관계를 생각하는 과정에서 논리적으로 사고하는 연습을 할 수
있지요. 시간의 흐름에 따라 기승전결이 명확하게 나뉜 작품이면 이 활동을
하기 좋습니다.

아이와 이 놀이를 해 보기 위해 『헨리의 자유 상자』라는 그림책을 골랐습니다.
실제 인물의 이야기를 시간 순서대로 전개하고 있어 다음 이야기를 유추하기
좋지요. 그럼, 놀이를 시작하기 전에 이 그림책이 어떤 이야기인지 먼저
살펴볼까요?

● 그림책 미리 보기

헨리의 자유 상자
엘린 레빈 글, 카디르 넬슨 그림, 김향이 옮김, 뜨인돌어린이, 2008

헨리의 다른 이름은 노예입니다. 노예는 주인의 뜻에 따라 죽기도 하고, 살기도 하고, 가족과 떨어지기도 해야 했습니다. 1800년대 초반, 미국은 노예 제도를 폐지해야 한다는 북부와 유지해야 한다는 남부로 나뉘어 오랜 싸움을 하고 있었습니다. 북부에서는 자유를 찾아 탈출하는 남부 노예들을 돕기도 했지요.

주인공 헨리는 남부 노예로, 어렸을 때부터 가족과 떨어져 담배 공장에서 일하며 힘겹게 하루하루 살아갑니다. 낸시라는 여성을 만나 결혼을 하고 세 아이를 낳지만, 주인 때문에 아내와 아이와 생이별을 하지요. 헨리는 자유를 찾아 북부 지역인 필라델피아로 떠나기로 합니다. 560킬로미터, 27시간을 상자 안에서 숨죽이며 버텨야 도착할 수 있는 곳. 헨리는 이 탈출에 무사히 성공할 수 있을까요?

● 활동 살펴보기

준비물 | 그림책의 중심 사건을 띠별로 나열한 활동지, 연필, 가위

'줄거리 예상하고 바른 순서 찾기' 놀이는 아이가 그림책을 읽지 않은 상태에서 시작합니다. 아빠가 종이를 긴 띠 모양으로 잘라 한 장에 한 문장씩 쓰면, 아이는 그 띠들만 보며 사건을 순서대로 배열하지요.

　　이 활동을 하려면 인물이나 풍경에서 받은 인상을 서정적으로 풀어내는

생각하는 힘을 길러 주는 그림책 놀이　**49**

작품보다 사건의 기승전결이 뚜렷한 작품, 시간 순서에 따라 중심 사건이 명확하게 구분되는 작품이 좋습니다. 『헨리의 자유 상자』는 실제 인물이 노예 신분에서 벗어나 자유를 얻게 되는 극적인 스토리를 시간 순서로 전개하고 있어 적합하지요.

아이가 잠든 사이, 먼저 그림책을 꺼내 찬찬히 읽어 봅니다. 그중 핵심 사건을 골라 간단한 문장으로 정리합니다. 컴퓨터를 사용하면 긴 띠 형식의 표를 그려 쉽게 틀을 만들고 글을 써넣을 수 있지만 컴퓨터를 사용하지 않고 종이를 잘라 볼펜이나 네임펜으로 직접 글씨를 써도 좋습니다. 이때 그림책 이곳저곳에서 문장을 두서 없이 고르면 활동이 어렵습니다. 사건이 일어난 순서와 관련된 핵심적인 문장을 찾아야 그림책을 읽지 않은 아이도 내용을 상상하면서 사건과 사건의 인과 관계를 따질 수 있습니다. 이야기의 순서대로 문장을 뽑으니 총 열한 개가 나왔습니다.

헨리의 주인이 아들에게 헨리를 주겠다고 함

헨리는 새 주인의 공장에서 일을 함

헨리는 주인 심부름으로 장을 보러 나온 낸시를 만남

낸시와 결혼한 헨리는 세 명의 아이들을 낳고 한 집에 살게 됨

헨리와 낸시의 주인은 낸시와 아이들을 팔아 버림

더 이상 낸시와 아이들을 볼 수 없는 헨리는 슬퍼함

슬픔 속에 있던 헨리는 노예 제도를 반대하는 백인인 스미스 박사에게 노예 제도가 없는 곳으로 보내 달라는 부탁을 함

출근을 하지 않을 경우 공장장이 의심할 수 있기 때문에 헨리는 손에 황산을 부어 버림

스미스 박사는 역무원에게 상자를 필라델피아에 보내 달라고 함

배에 탄 사람들이 헨리가 숨어 있는 나무 상자를 똑바로 세우고 그 위에 앉아서 이야기를 나눔

1849년 3월 30일 헨리는 필라델피아에 도착하고 자유를 얻은 헨리는 '헨리 박스 브라운'이라는 이름을 얻게 됨

띠 하나에 한 문장씩 열 한 개의 문장 띠를 컴퓨터로 작업해 두 장을 출력합니다. 한 장은 아빠만 알 수 있는 곳에 잘 보관해 두고 나머지 한 장만 띠별로 오려 줍니다. 한 장을 남겨 두는 이유는 아빠가 그림책을 먼저 읽었을지라도 나중에 아이와 이야기 나눌 때 헷갈릴 수 있기 때문입니다. 놀이가 끝나고 아이가 직접 자신의 순서와 원래 순서를 맞춰 볼 수도 있습니다. 책을 읽으며 사건의 순서를 확인해도 좋지만 보관해 둔 한 장을 답안지 삼아도 효율적입니다.

다음 날 저녁, 아빠는 열한 개 문장 카드를 무작위로 섞어 책상 위에 놓습니다. 아이는 이것저것 아빠에게 물어보며 종이에 적힌 문장들을 읽기 시작합니다.

아이는 어떤 순서대로 그림책이 전개될지 이리저리 생각해 봅니다. 책을 읽지 않아 정확히는 알 수 없지만 문장의 앞부분, 뒷부분을 단서로 삼거나 사건의 인과 관계를 논리적으로 파악하며 어느 정도 순서를 맞출 수 있습니다.

"헨리의 주인이 자기 아들에게 헨리를 주는 게 먼저인 것 같아. 그러면 '새 주인'의 공장에서 일을 하겠지. 출근을 안 하려고 헨리가 황산을 손에 붓는 게 다음에 올 것 같고……."

아이는 상상력을 발휘하며 문장 카드를 여러 번 옮깁니다. 고민하는 시간이 늘면서 앞에 있던 문장이 뒤로 가기도 하고 뒤에 있던 문장이 앞으로 오기도 합니다.

"준아, 헨리와 낸시의 주인이 낸시와 아이들을 팔았을 때 헨리는 기분이 어땠을까?"

"아주 슬펐겠지."

"그럼, 헨리는 그렇게 슬픈 곳에서는 살 수 없었겠지? 그럼 어떤 행동을

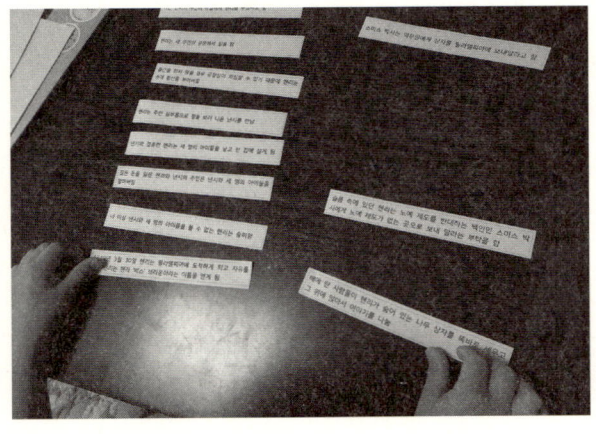

문장 카드를 이리저리 배열해 봅니다. 사건의 원인과 결과를 판단하는 사고력이 필요한 활동입니다.

했을까?"

"음…… 노예 제도가 없는 곳으로 보내 달라고 부탁했을 것 같아."

아이가 문장 카드의 순서를 맞추고 있을 때 아빠는 계속해서 질문을 하며 아이가 논리적으로 생각할 수 있도록 이야기를 이끌어 냅니다. 시간 순서를 '정확하게' 정리하는 일보다 더 중요한 것은 '왜' 순서를 이렇게 배열했는지 이야기 나누는 것입니다. 그 내용을 자신의 말로 설명했다면 아이가 나름대로 논리를 갖춰 사고했다는 뜻이기 때문입니다.

이제 함께 그림책을 읽으며 순서가 맞는지 살펴볼 시간입니다. 어느새 아이는 아빠의 무릎 위에 앉아 그림책 볼 준비를 합니다. 아빠가 읽어 주는 내용을 들으며 배열이 잘되었는지 중간중간 확인합니다.

"어! 새 주인의 공장에서 일을 하던 헨리가 심부름을 나온 낸시를 만났잖아. 그럼 손에 황산을 부은 것이 세 번째가 아니네."

아이는 그림책을 읽으면서 카드에 해당하는 내용이 나오면 문장 옆에 책 내용 순서대로 숫자를 기록합니다. 책을 보기 전에 붙여 놓은 순서대로 맞으면 좋으련만 그렇지 않습니다. 다 맞고 싶어 하는 아이의 마음을 알기에 충분히 잘했다고 안아 주며 칭찬합니다. 그림책을 다 읽으니 1부터 11까지 모든 숫자가 기록되어 있습니다. 2와 3 사이에 8이 나오기도 하고 7 다음에 9가 나오기도 합니다. 아이가 생각한 것과 실제 이야기가 어떤 부분에서 차이가 나는지 한눈에 살펴볼 수 있습니다.

● 생각 나누기

스토리를 모르는 상태에서 사건을 시간 순서대로 배열하는 일은 단순한 과정이 아닙니다. 그동안 여러 책을 읽으며 자신도 모르게 습득한 스토리텔링의 구조나, 이야기 전개에 관한 일반적인 흐름이 사고 과정에 복합적으로 영향을 주고 있지요.

사건의 인과 관계도 계속해서 생각해야 합니다. 왜 이 순서로 배열했는지 자기만의 주관도 있어야 합니다. 아이는 이 과정에서 논리적이고 비판적으로 사고하는 힘을 기를 수 있습니다. 배열한 순서가 맞는지 확인하기 위해 답안지 종이를 활용해도 좋지만 그림책을 읽으며 대조할 때 이야기의 흐름을 더 세세하게 분석할 수 있습니다.

순서가 맞을 때는 즐거움의 환호가 들리고, 틀릴 때는 아쉬움의 탄식이 흘러나옵니다. 그래도 괜찮습니다. 처음 생각한 순서가 줄거리와 전혀 맞지 않아도 격려를 보내 주세요. 한 권의 그림책을 아이와 함께 읽으며 즐겁게 이야기 하며 놀았다면 그것 하나만으로도 의미 있는 시간이기 때문입니다.

상상해서 지도 그리기

놀이 시간 | 30분
놀이 종류 | 그리기 놀이
놀이 난이도 | ★★★☆☆

그림책에서는 면지도 중요한 이야기를 품고 있습니다. 본문과 관련 있는 상징적인 이미지를 넣거나 캐릭터의 성장 또는 변화 과정을 보여 주기도 하지요. 『허먼과 로지』의 앞 면지에는 지도가 그려져 있습니다. 두 인물이 살고 있는 집, 희망을 잃은 허먼과 로지가 걷던 뉴욕 길들이 표시되어 있지요. 복잡한 뉴욕 시내 지도를 본 준이는 책장을 넘길 생각도 안 하고 한참 동안 면지를 뚫어져라 쳐다봅니다. 책을 읽고 나서는 연필을 들어 무언가 그리기 시작했지요. 지금부터 살펴보게 될 지도는 준이의 상상 속에서 태어난 도시입니다. 상상으로 만들어진 도시는 어떤 이름과 모양을 가지고 있을까요?

생각하는 힘을 길러 주는 그림책 놀이

● 그림책 미리 보기

허먼과 로지
거스 고든 지음, 김서정 옮김, 그림책공작소, 2016

분주한 도시, 뉴욕에서 살아가는 허먼과 로지는 바로 옆 아파트에 살고 있지만 서로의 존재를 알지 못합니다. 허먼은 오보에 연주로, 로지는 노래로 하루의 고단함을 달래며 자신의 꿈을 실현하지 못한 아쉬움을 달랩니다. 허먼은 퇴근길에 로지의 노래를 듣고, 로지는 집에 있을 때 들려오는 허먼의 연주를 듣지만 여전히 서로를 모르지요. 게다가 둘의 음악 소리는 오래가지 못합니다. 회사에서 쫓겨난 허먼은 더 이상 오보에 연주를 하지 않고, 노래할 수 있는 클럽이 문을 닫자 로지는 노래를 부르지 않거든요.

오랫동안 집에만 머물던 둘은 어느 날, 걷고 또 걷습니다. 그날 밤 허먼은 다시 옥상에서 오보에를 연주하고 그 소리를 들은 로지는 선율이 들리는 곳으로 갑니다. 둘은 처음으로 만나게 되지요. 허먼과 로지는 함께 음악을 하고, 이제 두 사람에게 도시는 완전히 다른 의미로 다가옵니다.

● 활동 살펴보기

준비물 | 도화지, 사회과부도, 연필

『허먼과 로지』를 보고 있으면 거대한 도시 속 우리 모습을 생각하게 됩니다. 공간이라는 생활 반경 속에서 누구와 상호작용을 하고 있는지, 어떤 길을 지나는지, 어떤 가게에 들르는지 곱씹어 봅니다. 허먼과 로지가 비슷한 생활 반경에서 살아가면서도 서로의 존재를 몰랐듯, 아마 같은 동네, 같은 구역에서 살아가는 '나'와 주변인들도 마찬가지일 것입니다. 저마다의 일상에 따라 이웃끼리 접점이 생기기도 하고, 전혀 모르는 사이인 채로 스쳐 지나기도 하겠지요. 동일한 공간이라 할지라도 그곳에 살아가는 사람들은 각자의 관점으로 공간을 인식하고 또 해석하게 되는 것입니다.

둘의 마음은 꼭 그림책 앞 면지에 그려진 복잡한 뉴욕 지도와 비슷해 보입니다. 지도에서 허먼과 로지의 집은 그저 점 하나로 표현되어 있습니다. 아주 작은 점 하나가 거대한 도시 속 허먼과 로지의 상태를 말해 주는 것 같습니다.

이야기가 완성되면, 뒤 면지에 등장하는 지도에는 '허먼이 사는 집'이 '행복한 허먼이 사는 집'으로 '로지가 사는 집'이 '즐거운 로지가 사는 집'으로 바뀌어 있습니다. 지도가 뉴욕이라는 도시를 그대로 담아내는 데에서 그치지 않고 작가의 메시지를 반영한 셈입니다.

면지의 지도가 인상적인 『허먼과 로지』를 보며 준이 역시 지도에 관심을 보입니다.

"아빠 이게 실제 지도일까?"

"표시되어 있는 길이랑 내용을 보니 실제 뉴욕 지도인 것 같아. 허먼과 로지가 살아가는 곳 말이야. 준이는 그리고 싶은 지도가 있어?"

"어, 나는 상상의 도시를 그리고 싶어."

처음에는 아이와 함께 우리 마을 이곳저곳을 그려 보려고 했습니다. 하지만 아이는 실제 공간보다 상상한 도시를 그리고 싶어 합니다. 놀이의 주인공은 준이이기에 아이의 생각대로 그리게 합니다.

"아빠, 막상 지도를 그리려니까 어려워. 종이에 선만 긋고 건물만 그리면 될 것 같은데, 그리고 나니까 이상해."

그림책을 참고해 그린 상상의 도시를 보니 우리에게 익숙한 지도와 많이 다릅니다. 그도 그럴 것이 지도를 그릴 때 기호, 방위, 범례 등 기본적인 내용을 알아야 원하는 공간 정보를 쉽게 표현할 수 있는데 해당 내용이 빠져 있기 때문입니다. 지도 그리기를 어려워하는 아이를 위해 아빠는 초등학생들이 사회 시간에 사용하는 사회과부도를 건네줍니다. 초등학교에 입학하지 않은 아이에게 어려운 책이지만 지도 그리기에 필요한 기초적인 내용 정도는 함께 살펴볼 수 있습니다. 학교나 산, 우체국이나 병원을 간단히 표기하기 위해 쓰는 기호는 어떤 것들이 있을지, 방위는 무엇이며 어떻게 표시하는지 등 참고할 만한 자료들이 담겨 있습니다.

사회과부도에 있는 지도를 보다가 아이는 '범례'를 보고 묻습니다.

"아빠, 범례라고 쓰여 있는 건 뭐야?"

"음…… 범례는 그림이 그려진 간판이라고 생각하면 돼. 우리가 간판을 보면 그곳이 어떤 가게인지 알 수 있잖아. 하지만 글자를 모르면 간판을 읽을 수 없겠지? 그림으로 그려 놓으면 어떤 가게인지 더 쉽게 알 수 있을 거야. 범례는 지도에서 그 위치에 무엇이 있는지 알려 주는 그림 기호라고 생각하면 돼."

범례는 지도의 이해를 돕기 위해 만든 자료로 지도에 쓰인 기호와 그 뜻을 나타내는 것입니다. 범례에 대한 기본적인 설명을 간판에 비유해 이야기해 주자 아이도 자신 있게 지도에 기호를 표시합니다. 나무는 공원, 네모 두 개는 빌딩, 그리고 세모는 산을 나타냅니다. 물론 준이가 그린 범례는 일반적인 범례에 쓰이는 기호와 다릅니다. 하지만 해당 개념을 자신의 지도에 적용해 보았다는 자체가 의미 있습니다.

지도 그리기 놀이를 할 때 아이들의 수준에 따라 방위만 나타낼 수도 있고 범례까지 표시할 수도 있습니다. 혹은 산의 높이를 표시하는 등고선 등 사회과부도 안에서 얼마든지 다양한 자료를 함께 찾아볼 수 있습니다.

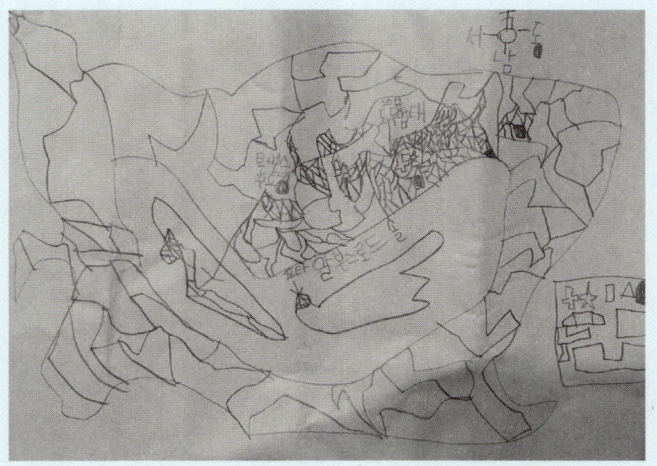

아이가 처음 그린 지도(위)와 두 번째 그린 지도(아래). 처음 그린 지도는 어딘지 모르게 엉성합니다. 방위는 표시되어 있지만 지역을 명확하게 구분하기 어렵습니다. 두 번째 지도는 조금 더 정돈되어 있습니다. 구획을 정리하고 기호도 넣었습니다.

생각하는 힘을 길러 주는 그림책 놀이

아이는 아빠와 함께 지도 안에 다양한 길을 내고 구획도 정합니다. 건물 이름도 정하고 동서남북 방위도 표시합니다. 혼자 그릴 때보다 함께 그릴 때 아이의 다양한 생각을 이끌어 낼 수 있습니다. 계속해서 묻고 답하며 이야기하는 과정 덕분이지요.

"이 친구와 저 친구의 집은 왜 가깝게 그렸어?"

"둘이 친하거든. 그래서 유치원 끝나고 함께 놀려고 집도 가깝게 그린 거야."

"이 집에서 저기 밑에 유치원에 가려면 어떻게 가야 해?"

"문을 열고 나와서 남쪽으로 내려간 다음에 서쪽으로 걸어가면 유치원이 나와."

"공원과 마트는 왜 멀리 있어?"

"사람들이 마트 갈 때 자동차를 가지고 가잖아. 그러면 자동차 연기가 공원으로 날아가서 산책하는 사람들이 매연을 마시게 되잖아. 공원에 자동차 연기가 날아가면 안 되니까 마트를 멀리 그린 거야."

아빠는 아이의 생각을 계속해서 물어봅니다. 아이는 자기 나름의 정보를 정리해 왜 도시를 이렇게 구성했는지 대답해 줍니다. 이렇듯 지도를 그리는 놀이는 단순히 그림 그리기에서 끝나지 않습니다. 방향을 정하고 건물들이 얼마큼 떨어져 있으며 왜 그렇게 배치했는지 등에 관한 정보를 생각하는 활동이지요.

● **생각 나누기**

『허먼과 로지』에 등장하는 지도가 두 사람의 산책길을 알려 주고, 두 사람의 단골 핫도그 가게를 보여 주는 것처럼 아이의 지도에도 자신만의 일상이 묻

어납니다. 친한 친구네에 놀러가기 위해서 유치원, 친구 집의 위치를 함께 생각하기도 하고 마트와 공원의 위치에서 매연 문제를 고민하기도 하지요. 지리 정보라는 것은 단순히 길과 건물의 위치를 보여 주는 것이 아니라 우리의 생활을 반영한 것일지도 모르겠습니다.

우리가 흔히 책에서 보는 지도는 위에서 아래를 내려다보며 그린 그림입니다. 실제 모습을 종이에 그대로 담을 수 없기에 일정한 규칙으로 줄여서 그립니다. 정확한 위치를 기록하기 위해 동서남북 방위를 정하고 지도를 보는 사람들이 쉽게 이해하도록 범례도 사용합니다. 지도 한 장을 그리기 위해서는 여러 가지 요소들을 고려해야 하는 것입니다.

내가 살고 있는 마을을 그리기 위해서는 머릿속으로 나의 반경부터 떠올려야 합니다. 집에서 어디로 가야 어떤 건물이 나오는지 자주 방문하는 곳은 어디인지 정보를 수합하는 과정이 필요합니다. 어른이 말해 주는 여러 가지 정보를 모아 내가 알고 있는 정보와 결합하기도 해야 합니다. 지도를 만든다는 것은 머릿속에 있는 공간과 관련된 지식들, 정보들이 무엇이며 그 공간에서 나의 동선은 어떤지 상호관계를 따져 보고, 여러 정보가 2차원으로 어떻게 구현될지 재 보면서 하나의 완성된 그림을 만들어 나가는 복합적인 과정이라 할 수 있습니다.

픽셀 아트 그림 그리기

놀이 시간 | 30분
놀이 종류 | 그리기 놀이
놀이 난이도 | ★★☆☆☆

컴퓨터 화면은 작은 사각형인 '픽셀'로 이루어져 있습니다. 무수히 많은
픽셀에 여러 가지 색이 입혀지고 그것이 모여 우리가 화면에서 보는 이미지가
만들어지는 것이지요. 픽셀이 종이에 표현된다면 어떤 느낌일까요? 『코끼리
아저씨와 100개의 물방울』은 픽셀 특유의 멋을 보여 줍니다. 컴퓨터 속
픽셀은 네모이지만 그림책에 등장하는 픽셀은 점, 선, 네모, 얼굴, 해골, 여러
모양입니다. 그림책이 흥미로워서일까요? 픽셀 아트가 생소할 법한 준이도
금세 눈을 반짝이며 놀이에 관심을 보입니다.

62 　　　　하루 30분 그림책 놀이

그림책 미리 보기

코끼리 아저씨와 100개의 물방울
노인경 글·그림, 문학동네어린이, 2012

아빠 코끼리 뚜띠는 양동이 가득 물을 담습니다. 가뭄이 들어 아이들이 제대로 물을 먹지 못하고 있기 때문이지요. 양동이에 담긴 100개의 물방울 중 얼마는 집으로 가는 도중 증발합니다. 뚜띠는 울퉁불퉁한 길을 가면서 몇 방울 흘리게 되고 동굴 속을 지나다 깜짝 놀라 또 몇 방울을 흘리고 맙니다. 귀한 물방울이지만 뚜띠는 개미집에 불이 난 것을 보고 남아 있는 물방울 중 얼마를 사용하여 불을 끕니다. 결국 양동이에는 물이 한 방울도 남지 않습니다. 속상해서 눈물을 흘리는 아빠 뚜띠, 그리고 때마침 하늘에서 내리는 비······. 아빠가 돌아오기만을 애타게 기다리던 아기 코끼리들은 아빠가 가져온 물방울을 시원하게 들이킵니다.

활동 살펴보기

준비물 | A4용지, 30센티미터 자, 볼펜, 사인펜

"아빠, 그림에 작은 네모 칸이 들어 있어. 저번에 아빠랑 커다란 책 읽고 작은 네모 칸에 색칠하면서 그림을 그려 봤잖아. 이걸 뭐라고 했는데······."

아이는 『코끼리 아저씨와 100개의 물방울』을 읽고 떠오르는 게 있었나 봅니다. 고개를 갸웃거리다가 무언가 생각났는지 책꽂이로 뛰어가 책 하나를 꺼내 옵니다.

"맞다. 맞아. 픽셀 아트다! 그때 아빠랑 같이 읽은 책에 나왔어."

며칠 전 아이는 아빠와 함께 픽셀 아트가 소개된 미술책을 읽었습니다. 당시에는 '픽셀 아트'란 영어 단어가 어려울까 봐 준이에게 픽셀이 무엇인지, 또 아트가 무엇인지 정확하게 설명하지 않았지요. 『코끼리 아저씨와 100개의 물방울』을 본 아이의 표정은 며칠 전과는 사뭇 다릅니다. 픽셀 아트가 무엇인지 궁금해진 아이는 이것저것 물어봅니다.

"네모, 점 같은 작은 것들을 모아 큰 그림을 그리는 거네! 그때 그려 봤잖아! 그림 속에 작은 것들이 어떻게 모여 있는지 보이니까 재미있다!"

아이는 아빠가 설명한 것보다 훨씬 명쾌하게 픽셀 아트의 개념을 이해합니다. 산, 유령, 자전거길, 개미집 등 픽셀 아트 형식의 그림을 보며 아이는 자기도 같은 방식으로 그려 보고 싶다고 합니다.

우선 A4용지에 정사각형으로 가득 찬 기본 도안을 만들기로 합니다. 만약 프린터가 있었다면 문서 프로그램을 활용해 원하는 크기만큼 정사각형 표를 그려 출력했을 것입니다. 가로세로 칸 수만 입력하면 간편하게 그릴 수 있지요. 그만큼 작업을 빨리 끝내니 아이와 놀 체력도 비축할 수 있고요.

하지만 이때는 집에 프린터가 없어 아빠가 직접 선을 그려 정사각형 칸들을 만들기로 합니다. 직선 하나, 직선 둘, 직선 셋, A4용지가 가득 찰 때까지 한 없이 직선을 긋습니다.

계속해서 선을 그려 나

선을 하나하나 긋는 작업은 시간도 오래 걸리고 품도 많이 듭니다. 하지만 아이가 재미있게 놀이할 수 있도록 바탕 도안을 최대한 촘촘하게 만듭니다.

가다 보니 어느새 픽셀 아트 기본 바탕이 완성됩니다. 아이는 종이를 흥미롭게 보다가 이것저것 그려 나갑니다. 신이 났는지 "이게 뭐게?" 하며 질문도 던집니다.

하지만 펭귄 같기도 하고 도마뱀 같기도 한 그림을 이리 보고 저리 봐도 도통 모르겠습니다. 작품명은 '부엉이'입니다. 가운데 그림을 자세히 보니 정말 부엉이처럼 생겼습니다. 얼굴이 각지고 귀가 쫑긋하고 두 다리가 있으며 눈이 동그란 바로 그 부엉이입니다. 아이는 부엉이 옆에 펭귄 한 마리와 식빵처럼 생긴 빨간 그림도 함께 그렸습니다. 어떤 상상을 하며 이 그림을 그렸는지, 식빵처럼 생긴 빨간 그림은 무엇인지 함께 이야기해 봅니다.

"준아, 여기 빨간 것은 식빵이야?"

"식빵이라니! 이건 토끼야. 토끼, 부엉이, 펭귄을 그린 거야. 땅에 사는 토끼, 하늘을 나는 부엉이, 바다를 헤엄치는 펭귄이 함께 친하게 지내는 거야. 내 친구라고!"

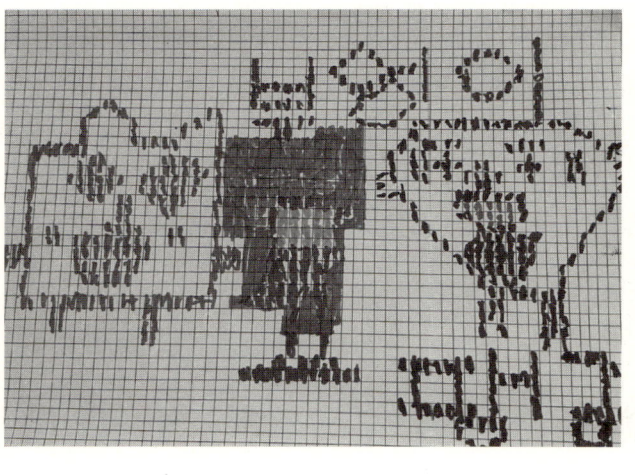

아이가 그린 픽셀 아트. 글자도 픽셀로 표현했습니다.

생각하는 힘을 길러 주는 그림책 놀이

아이의 이야기를 듣고 나니 외형만 보고 쉽게 짐작했던 것이 부끄러워집니다. 아이의 그림은 겉으로 보이는 것과 전혀 다른 의미일 때가 많습니다. 그래서 무엇을 그렸는지, 어떤 의미로 그렸는지 아이와 눈높이를 맞춰 먼저 물었어야 했는데 차근차근 다가가는 법을 잊어버린 것입니다.

다른 그림을 그리겠다는 아이를 위해 아빠는 또 순식간에 컴퓨터와 프린터로 변신해서 작업을 시작합니다. 이번에는 아까 그린 칸보다 조금 더 크게 그립니다. 직선 하나라도 줄여 보고 싶은 아빠의 작은 꼼수를 아이가 몰랐으면 좋겠습니다.

미키마우스를 멋지게 그리고 싶다는 아이를 위해 아빠가 먼저 기본 모양을 잡아 줍니다.

아이는 앞서 그린 토끼, 부엉이, 펭귄이 조금 마음에 들지 않았나 봅니다. 그림들의 좌우 균형이 맞지 않고 색칠한 픽셀들도 들쑥날쑥했지요. 아이는 미키마우스 얼굴을 좌우 대칭으로 균형 있게 색칠해서 멋지게 그리고 싶어 했습니다. 그래서 아빠에게 픽셀의 기본 위치를 잡아 달라고 요청했지요.

하지만 이번에도…… 본인이 생각한 모습과는 조금 다르게 완성되었나 봅니다. 투정을 부리는 아이에게 아빠는 언어의 마술사가 되어 이 미키마우스는 세상에 하나밖에 없는 미키마우스라고, 이보다 멋진 미키마우스는 본 적이 없다고, 색을 멋지게 칠했다고 토닥거립니다.

● **생각 나누기**

비트맵 이미지의 경우, 사진을 확대해 보면 피사체가 불분명하게, 모자이크 모양으로 보이기도 합니다. 깨진 부분을 보고 있으면 원래 어떤 사진이었는지 알 수 없지만 픽셀을 전체적으로 모아 보면 이미지를 명확하게 파악할 수 있습니다. 이것이 바로 컴퓨터가 픽셀을 이미지로 보여 주는 원리입니다.

픽셀을 이용해 그림을 그리는 것 역시 마찬가지입니다. 몇 개의 픽셀에 색을 칠한다고 해서 어떤 그림이 완성될지 정확히 알 수 없습니다. 전체 모습은 그림을 그리고 있는 아이의 머릿속에 있습니다. 아이는 픽셀 하나하나에 집중하기보다 전체적인 모습을 어떻게 나타낼지 머릿속에 그려 가며 부분을 구성해야 합니다. 그 과정에서 색을 어떻게 배치하고 형태를 어떻게 만들어 갈지 스스로 분석하고 선택하는 생각의 과정을 거칩니다. 예술적인 영역의 활동이기도 하지만 그저 자유롭게 그려도 되는 과정만은 아닙니다. 작은 부분과 전체 형상을 함께 떠올리며 분석하는 논리적인 사고를 하게 되는 것이지요.

숨은그림찾기

놀이 시간 | 30분
놀이 종류 | 그리기 놀이
놀이 난이도 | ★★☆☆☆

숨은그림찾기는 어른에게도 아이에게도 대중적인 놀이입니다. 존 버닝햄의
그림책 『장바구니』를 보고 이 놀이가 떠올랐습니다. 심부름을 하고 돌아오는
주인공 스티븐, 스티븐이 산 물건은 흰 바탕에 가지런히 놓여 표현되어
있습니다. 돌아오는 길에 물건이 하나씩 사라지지요. 책 속 장면을 직접
그려 그 물건을 숨기고 숨은그림찾기를 해 보면 어떨까요? 그림책에는
아이가 그리기 어렵지 않은 다양한 과일들, 작은 소품들이 등장해 직접
그리기도 어렵지 않습니다. 그럼, 그림책 속 물건들을 활용해 두 눈 크게 뜨고
숨은그림찾기 여행을 떠나 볼까요?

● 그림책 미리 보기

장바구니
존 버닝햄 지음, 김원석 옮김, 보림, 1996

주인공 스티븐은 엄마의 부탁으로 심부름을 갑니다. 물건들을 구입한 후 집으로 오는 길, 스티븐은 다양한 장소에서 여러 동물들을 만납니다. 울타리, 쓰레기통, 공사장 등에서 곰, 원숭이, 캥거루 등이 스티븐의 물건들을 빼앗으려고 하지요. 스티븐이 동물들을 물리칠 때마다 장 본 물건들이 하나씩 사라집니다. 우여곡절 끝에 집에 도착하지만 늦게 왔다고 엄마에게 꾸중을 듣습니다. 과연 스티븐은 정말로 동물들을 만난 걸까요? 아니면 늦게 온 핑계를 대기 위해 이야기를 꾸며 낸 걸까요?

● 활동 살펴보기

준비물 | A4용지, 연필, 색연필

이 책에는 다양한 동물과 여러 가지 과일, 주변에서 볼 수 있는 많은 물건들이 등장합니다. 아이에게도 친숙한 것들이 등장하지요. 장바구니에서 사라진 물건을 활용해 숨은그림찾기 놀이를 하기로 합니다.

찾을 그림을 숨길 밑그림은 어른이 그리면 좋습니다. 주인공 스티븐과 그림책에 등장하는 동물들을 활용합니다. 만약 아이가 직접 그리기를 원한다면 아이에게 자리를 내어 주세요.

작은 그림들을 숨겨야 하기 때문에 밑그림은 A4용지에 가득 차게 그려

생각하는 힘을 길러 주는 그림책 놀이　**69**

야 합니다. 이번에는 밑그림을 아빠가 그리기로 합니다. 같은 밑그림에 서로 그림을 숨겨 상대방이 숨긴 그림을 찾기로 했지요. 밑그림이 완성되면 아이는 숨기고 싶은 것들을 그 안에 그려 넣습니다. 밑그림 하단에, 찾아야 할 그림 목록도 같이 그리도록 안내합니다.

아이가 그림을 숨기는 동안 아빠는 멀찍이 떨어져 앉아 조용히 그림책을 다시 읽어 봅니다. 책장을 넘기며 아이가 무엇을 어떻게 숨겼을지 상상해 봅니다. 시간이 어느 정도 지나자 아이는 그림을 다 숨겼다고 합니다. 이제 아빠가 그림을 숨길 차례입니다. 숨길 그림을 그려 넣다 보니 아이가 어떤 그림들을 숨겼는지 조금씩 눈에 들어옵니다. 하지만 이럴 때일수록 중요한 것이 있습니다. 바로, 모른 척하는 것이지요. 알고 있어도 모르는 척해 주는 것은 아이와 놀 때 중요한 부분입니다. 아이들은 부모의 조금 과장된 반응에 기뻐하기도 하고, 본인은 알고 있는 것을 어른이 모를 때 더욱 즐거워하기 때문입니다.

이제 찾을 시간입니다. 아이가 먼저 시작합니다. 아빠가 숨겨 놓은 물건을 발견할 때마다 들뜬 목소리로 찾았다고 외칩니다.

"근데 아빠, 이건 국자가 아니고 골프채같이 생겼어. 그리고 숨겨 놓은 나무랑 여기에 그린 나무의 모습이 서로 달라. 이거 찾으려고 내가 얼마나 고민했는데!"

"앞으로는 아빠가 그림을 정확하게 그릴게. 그런데 준이는 아빠가 숨겨 놓은 연필 찾았네! 준이는 오늘 연필 가지고 재미있게 공부했어?"

아빠가 그린 그림이 이상하다는 이야기도 하고 숨긴 그림의 모양이 각자의 의도와 다르다는 말도 합니다. 아이가 일상에 관해 이야기할 수 있도록 슬쩍 질문하기도 합니다. 기존에 만들어진 숨은그림찾기 책을 활용했다면 이런 소소한 이야기들은 나누지 못했을 것입니다. 그저 공부는 했는지, 숙제는

다 했는지 등 딱딱한 질문으로 하루를 점검하는 대화만 오고 가지 않았을까요? 상투적인 질문이라도 놀이와 함께하면 아이도 긴장하지 않고 편하게 대답을 합니다. 공부를 많이 못 하고, 숙제를 못 했어도 주눅들지 않고 자신의 하루를 아빠와 공유해 줄 수 있게 되지요.

아빠는 아이가 숨겨 놓은 물건들을 일부러 못 찾는 척하기도 합니다. 그럴 때 아이는 기다렸다는 듯이 웃으면서 큰 목소리로 아빠에게 힌트를 줍니다. 맞장구를 치며 열심히 함께하는 것이 어른의 역할일 테지요.

도무지 찾지 못하는 그림도 있습니다. 아이가 숨긴 물건 모양과 실제로 그려진 그림의 모양이 많이 다르기 때문입니다. 아빠가 못 찾게 하려고 그림의 방향을 바꾸고 좌우를 뒤집는 과정에서 원래 형태와 무척 달라져 버렸습니다. 하지만 경쟁이 아니고 아빠와 하는 놀이이기에 크게 문제되지는 않습니다. 못 찾으면 못 찾는 대로, 계속 힌트를 주고받으며 이런저런 대화를 나누는 과정에서 이미 이 놀이의 목적은 달성한 것이니까요.

함께 찾은 숨은 그림들. 시중에 나와 있는 숨은그림찾기 그림보다 정교하지 않지만 찾을 것들을 직접 숨기고 발견하며 많은 이야기를 나누게 됩니다.

생각하는 힘을 길러 주는 그림책 놀이

● 생각 나누기

커다란 그림 속에 숨겨져 있는 작은 물건들을 찾게 되면 아이들은 즐거움과 희열을 느낍니다. 어떤 그림을 어떻게 숨길지 이리저리 궁리하며 새로운 재미를 느끼기도 합니다. 그림 그리기를 어려워하는 아이들과 어른들은 그림책 한 권을 골라 따라 그리면 좋습니다. 꼭 똑같지 않아도 괜찮습니다. 오히려 그림이 이상하게 그려지면 아이가 더 재미있어 하기도 합니다.

숨은그림찾기를 할 때에는 그림 속에 나타난 정보들을 잘 확인해야 합니다. 그림이 좌우가 바뀌기도 하고 위아래가 뒤집혀 있기도 하기 때문이지요. 내가 찾고자 하는 하나의 그림만 집중하기보다는 여러 그림들을 종합적으로 살펴보면서 적절하게 분석하는 능력도 필요합니다. 또한 그림을 숨긴 사람이 알려 주는 힌트도 귀담아 들어야 합니다.

아이에게 부모는 무언가를 가르쳐 주는 존재일 것입니다. 하지만 상대방이 숨긴 그림을 찾아가는 순간만큼은 아이도 부모에게 무언가를 알려 주며 서로 동등한 존재가 됩니다. 아이와 하는 놀이는 어쩌면 놀아 '주는' 일이 아니라 같은 눈높이에서 서로의 일상을 들여다보며 '함께하는' 일일지도 모르겠습니다.

미로 만들기

놀이 시간 | 30분
놀이 종류 | 그리기 놀이
놀이 난이도 | ★★★☆☆

꼬불꼬불 미로를 따라가 목적지에 도착하는 과정도 지식 정보 처리 역량과
연결되어 있습니다. 미로 찾기는 두뇌 발달에 유용한 대표적인 활동으로
알려져 있기도 합니다. '복잡한 길'이라는 시각적인 정보를 인지하고 '출구를
찾아간다'는 총체적 문제 해결 방식이 융합된 활동이지요.
아이들은 작은 길들이 어디로 연결되어 있는지 집중하며 전체를 살피고,
때로는 시행착오를 거치고 새로운 방향을 선택하며 미로 찾기에 쉽게
몰입하기도 합니다. 흥미롭게 미로 탐험을 하는 아이가 미로를 직접 만들어
본다면 어떨까요? 복잡한 미로를 만드는 일도 재미있게 할 수 있을까요?

● 그림책 미리 보기

뜻밖의 미로 여행
폴린 뒤푸르 글, 로젠 보튀옹 그림, 이나영 옮김, 보림, 2017

피에르와 레아 남매가 키우던 고양이 카나유가 납치되었습니다. 둘은 고양이를 찾기 위해 여행을 떠나지요. 운송 수단인 기차, 여객선, 열기구 안이 꼬불꼬불 복잡한 미로로 이루어져 있습니다. 여행지인 이스탄불, 히말라야, 뉴욕도 거대한 미로가 되지요. 남매는 고양이를 찾기 위한 미로 여행을 무사히 마칠 수 있을까요?

● 활동 살펴보기

준비물 | A4용지, 레이저포인터, 블록, 탱탱볼, 연필

책 제목 '뜻밖의 미로 여행'은 두 가지 의미로 읽을 수 있습니다. 먼저, 고양이가 납치되는 예상하지 못한 일을 겪으면서 '급작스럽게' 미로 여행을 떠나게 된다는 줄거리를 반영한 뜻으로 다가옵니다. 기차, 여객선, 열기구, 히말라야, 뉴욕 등 미로와 연관 지어 생각하지 못했던 '뜻밖의' 장소가 정교한 미로로 탈바꿈했다는 의미로 읽을 수도 있지요. 공간의 특성을 활용해 미로를 만든 작가의 상상력이 눈부십니다.

미로를 좋아하는 아이와 '우리만의' 미로를 구성해 보기로 합니다.

아이와 나란히 앉아 A4용지에 함께 미로를 그리기 시작합니다. 도착 지점은 종이 한가운데에 있는 큰 로봇으로 정합니다. A4용지를 절반으로 나눠

아이는 종이의 왼쪽 부분, 아빠는 종이의 오른쪽 부분에 길을 만듭니다. 하나의 미로를 두 사람이 함께 만드는 형태이지요. 길을 그린다기보다 미로의 '벽'을 무작위로 세운다고 생각하며 미로를 만듭니다. 이때 볼펜보다는 연필을 사용해야 미로를 수정하기 쉽습니다.

미로를 다 만들었으면 이제 탐험을 시작합니다. 무작위로 그렸기 때문에 길이 안 나오는 지점이 있을 수도 있습니다. 그럴 때는 아이와 벽을 지워 가면서 길을 수정합니다. 시간이 조금씩 지나고 여러 길들이 생기면서 아이와 아빠가 만든 미로가 만나기 시작합니다. 미로 가운데에 있는 로봇에 도착하는 길도 여러 개가 나옵니다. 출발 지점도 다양한 곳으로 열어 둡니다. 두 사람이 함께 미로를 만들다 보면 자연스럽게 출발 지점과 도착 지점으로 향하는 길들이 많아질 수밖에 없습니다.

"준아, 색연필로 그리면서 미로를 찾아가면 어때?"

"그러면 내일 친구들이랑 같이 할 수 없잖아!"

눈으로만 복잡한 길을 찾는 아이를 보니, 어떤 길을 따라가고 있는지 아빠는 알지 못합니다. 색연필로 길을 따라 그리며 찾으면 좋겠지만 그렇게 되면 미로는 더 이상 사용할 수 없게 되겠지요.

미로를 완성한 후 길을 찾다 사방이 막혀 있으면 벽을 지워 가며 수정합니다

아빠는 서랍을 뒤져 작은 레이저포인터를 찾습니다. 아이가 어떤 부분을 따라

생각하는 힘을 길러 주는 그림책 놀이

가고 있는지 지켜볼 수 있으니 흥미롭습니다. 길을 찾다가 막히면 레이저포인터로 위치를 옮겨 가며 다른 길을 찾는 모습도 볼 수 있습니다. 두 사람이 함께 만든 미로는 아이의 눈높이에서 좀 어렵기도 합니다. 갈림길과 막혀 있는 곳이 많아 도착 지점에 있는 로봇까지 찾아가기 쉽지 않습니다. 하지만 아이는 가고, 서고, 돌아가기를 반복하며 결국 로봇까지 다다릅니다.

그림으로 그리는 대신 새로운 방법으로 미로를 만들 수 없을까요? 아이가 잘 가지고 놀지 않는 블록을 활용하기로 합니다.

넓은 블록 판을 준비하고 그 위에 블록들을 끼워 길을 만듭니다. 블록으로 만든 미로에 탱탱볼을 굴려 보기로 합니다. 판 가장자리에 블록을 꽂아 탱탱볼이 미로 밖으로 빠져나가지 않도록 합니다. 그리고 출발 지점과 도착 지점을 정해 만들어 줍니다. 이때 문 모양의 블록도 꽂아 종이 그림 미로처럼 출발 지점을 여러 군데로 정해 놓습니다. 그다음에는 블록을 자유롭게 꽂아 여러 갈래의 길이 만들어지도록 합니다. 서로 다른 블록 위에 블록을 꽂아 연결하면 탱탱볼이 다리 아래로 지나가는 듯한 효과를 줄 수도 있습니다.

블록으로 만든 미로입니다. 블록을 연결해 다리처럼 만들기도 하고 판 가장자리로 문을 달아 출발 지점을 다양하게 만들기도 합니다.

미로를 다 만들고 나면 핀볼 놀이를 하듯 탱탱볼을 굴려 길을 찾습니다. 위에서 보면 '다리 모양' 길은 잘 보이지 않습니다. 탱탱볼을 다양한 방향으로 굴려 보며 다리를 통과시키기도 하고, 막다른 길에 부딪히는 모습도 봅니다. 이렇게 몇 번의 시행착오를 겪게 되면 탱탱볼은 무사히 목적지에 도착하게 되지요.

● 생각 나누기

미로를 찾는 놀이는 사고력과 집중력을 길러 줍니다. 미로를 직접 만들어 보는 놀이도 마찬가지입니다. 출발 지점과 도착 지점을 한 군데로 할지, 여러 군데로 할지, 다양한 가능성 속에서 생각하고 선택하는 과정을 거치지요. 무작위로 만든 미로는 수정이 꼭 필요하기 때문에 길을 어떻게 다시 낼 수 있을지 고민하는 과정해서 사고력, 관찰력, 집중력이 향상됩니다.

준이가 시행착오를 거치며 길을 찾는 모습을 보니 아이들의 인생도 도착 지점을 찾아가는 일과 비슷하다는 생각이 들었습니다. 막다른 길을 만나 좌절할 때도 있고 돌아가는 길을 만나 눈물 흘릴 때도 있습니다. 때로는 끊어진 길을 만나 당혹스러울 때도 있겠지요. 하지만 결국 그 과정에서 성공을 맛보기도 하고, 보람을 느끼기도 하며 함께하는 기쁨을 얻기도 할 겁니다. 인내와 끈기가 있다면 복잡한 인생의 미로에서도 '분명한 길'을 찾을 수 있을 것입니다. 어려운 미로 안에서 결국 로봇까지 도착할 수 있었던 오늘처럼요.

6

집에서 곤충 낚시하기

놀이 시간 | 40분 이상
놀이 종류 | 수학·과학 놀이
놀이 난이도 | ★★★☆☆

연못에는 소금쟁이, 장구애비, 물방개, 게아재비, 송장헤엄치게, 물자라,
물장군, 물땅땅이 등 많은 곤충이 살고 있습니다. 또한 근처 공원이나
산속에는 장수풍뎅이, 매미, 잠자리, 벌, 나방 등 다양한 곤충들이 있지요.
하지만 이런 곤충들을 직접 보기는 어렵습니다. 아이들은 책이나 영상,
어린이집이나 학교에서 만나는 정보를 통해 곤충을 알아갑니다.
준이도 마찬가지입니다. 주로 그림책을 통해 곤충을 만나지요. 곤충 얼굴을
확대한 그림책, 세밀화로 그려진 책, 아주 사실적인 그래픽 일러스트로
그려진 책 등 곤충 이야기를 담은 그림책은 무척 다양합니다.
곤충 관련 그림책을 읽고 어떤 놀이를 하면 좋을까 곰곰 생각합니다. 곤충
얼굴이 크게 그려진 그림을 무서워하는 준이도 무리 없이 읽을 만한 작품을
먼저 선정합니다.

● 그림책 미리 보기

우리 곤충 채집할래요?
이노우에 타케나리 지음, 나카타 아야카 그림, 한양희 옮김,
썬더키즈, 2020

작은 무당벌레는 잎을 살살 쳐 손바닥에 톡 떨어뜨리고, 풍뎅이는 배 양쪽 옆을 잡아 들여다봅니다. 바구미는 망이나 모자를 활용하고 개미귀신은 삽이나 손으로 개미지옥을 조심조심 퍼 올려 채집합니다. 이 책은 곤충을 어떻게 만져야 좋을지도 소개하고 있습니다. 곤충을 조심스럽게 관찰하고, 다시 자연으로 돌려보내는 일도 잊으면 안 됩니다.

곤충을 직접 만지고 가까이 보는 과정은 작은 곤충도 소중한 생명이라는 엄중한 사실을 깨닫게 하고 자연을 향한 경의심을 일깨우도록 이끌어 줍니다.

● 활동 살펴보기

준비물 | 색종이나 도화지, 테이프, 국기봉, 털실, 사인펜, 블록

『우리 곤충 채집할래요?』는 아이의 시점에서 곤충을 관찰하는 이야기입니다. 사실적인 곤충 그림은 징그럽다며 무서워하는 아이도 부담없이 책장을 넘길 수 있습니다.

직접 곤충을 잡아 관찰하면 이 그림책과 밀접하게 연결되는 독후 활동이 되겠지만 밖에서 시간을 오래 보내기 쉽지 않은 현실이라 다른 방법을 찾기로 합니다. 집에서 간편하게 곤충을 '채집'해 보는 방법은 없을까요? 불현듯 '낚시놀이 세트'가 떠오릅니다. 자석 달린 낚싯대로 장난감 물고기들을 하

생각하는 힘을 길러 주는 그림책 놀이

나씩 들어 올리는 도구이지요. 곤충을 그림으로 그리고 종이 곤충 낚는 강태공이 되어 책에 나온 정보도 되짚어 보려고 합니다.

낚시는 물에서 하는 거 아니냐며 어리둥절해하는 아이와 먼저 낚시 도구를 만들어 봅니다. 실내 낚시를 어떻게 할 수 있는지 궁금증을 해결해 주기 위해서이지요.

털실, 테이프, 집 한쪽에서 잠자고 있던 국기봉을 활용합니다. 국기봉에 털실을 연결하고 털실 끝에 종이로 만든 낚싯감이 잘 달라붙도록 테이프 뭉치를 달아 주니 물고기 낚싯대와 비슷한 형태가 됩니다. 그런데 털실과 테이프 뭉치로 만든 낚싯줄이 가벼워 팔랑팔랑 춤을 춥니다. 낚싯줄에 무게감이 없으면 낚싯감이 달라붙기 어렵습니다. 낚싯줄 끝에 레고 블록 하나를 매달아 주니 내렸다가 들어올릴 때에도 안정적인 느낌이 있습니다. 실제로 낚싯줄 끝이 지나치게 가벼우면 안 되는 이유가 여기에 있나 봅니다.

이제 곤충 낚싯감을 만들기로 합니다. 그림책에 등장하는 곤충뿐만 아니라 아이가 유치원에서 배운 곤충 정보를 떠올리며 종이를 잘라 간단한 곤충 카드를 만듭니다. 카드 하나에 곤충 한 마리, 각 곤충의 특징을 그림으로 그리고 이름을 쓰면서 아이 나름대로 배경지식을 쌓아 갑니다. 아이들 수준에 따라 그림책에 있는 곤충 이름만 적을 수도 있고, 어른과 곤충에 대해 묻고 답하며 정리할 수도 있습니다. 아이가 맞춤법을 틀리기도 하지만 굳이 지적하지 않습니다. 아이와 함께 이 놀이를 한다면, 곤충의 생김새와 이름을 익히고 흥미를 가지도록 돕는 데 초점을 맞추면 좋겠습니다.

"아빠, 물자라 등에 있는 동그란 게 뭔지 알아? 물자라 알이야. 물자라는 알을 등에 붙이고 다니는데. 물땡땡이 다리도 봐 봐. 발에 털이 많이 나 있어."

처음에, 아빠는 아이가 그린 그림을 자세히 보지 않았습니다. 모두 비슷비슷하게 느껴졌기 때문입니다. 하지만 아이 이야기를 듣고 그림을 다시 보니 모두 다른 특징들을 가지고 있었습니다. 이렇게 아이들은 저마다의 기준과 생각을 가지고 그림을 완성해 갑니다.

곤충 카드를 다 만들었으면 상이나 바닥에 펼쳐 놓습니다. 물방개, 장구애비처럼 연못에 사는 곤충도 있고 장수풍뎅이처럼 육지에 사는 곤충도 있습니다. 또한 잠자리처럼 하늘을 나는 곤충의 이름도 보입니다. 약 30종의 곤충들이 연못이나 나무가 아닌 우리 집에 옹기종기 모여 있습니다.

이제 테이프 뭉치가 달린 낚싯대를 곤충 카드 위로 던지기만 하면 됩니다. 테이프 뭉치는 뿔잠자리에 찰싹 붙기도 하고 물땡땡이에 붙기도 합니다. 송장헤엄치기, 모기, 장수풍뎅이, 둑시벌, 낚싯대를 떨어뜨리고 들어 올릴 때마다 곤충들이 한 마리씩 올라옵니다. 작은 종이에 그려진 곤충들은 쉽게 잡히지만 큰 종이에 그려진 곤충을 잡기 위해서는 고도의 집중력과 인내심이 필요합니다. 테이프 뭉치에 곤충 그림이 붙었다고 해서 낚싯대를 빠르게 들어 올리면 안 됩니다. 천천히 올려 주어야 곤충 카드가 밑으로 떨어지지 않고 손안으로 곤충을 무사히 데려올 수 있으니까요.

테이프에 종이가 잘 접착될 수 있도록
천천히 올려 줍니다.

● 생각 나누기

곤충 낚시 놀이에서 중요한 것은 곤충을 낚는 활동 그 자체가 아닙니다. 곤충들을 그리기 위해 그림책을 다시 읽어 보고 다른 책도 찾아보고, 그동안 듣고 배워 알고 있던 곤충의 특징을 떠올리는 과정이 의미가 있습니다. 놀이를 함께하는 어른과 곤충의 생김새, 서식지, 이름의 의미 등을 알아가는 값진 시간인 셈이지요. 부모와 함께 곤충을 만져 보았다면 그 경험을 떠올리며 놀이를 더 재미있게 할 수 있습니다.

마트에서 파는 낚시놀이 세트만큼 멋있거나 예쁘지는 않지만 세상에 하나밖에 없는 놀이 도구로 아이와 함께하니 즐겁습니다. 오늘 함께 거실 연못에서 잡은 곤충들로 아이만의 곤충 그림 박물관을 만들어 볼까 합니다.

(7)

매달린 종이컵 맞추기

놀이 시간 | 30분
놀이 종류 | 수학·과학 놀이
놀이 난이도 | ★★★☆☆

요즘 준이는 부쩍 수 세기에 관심이 많습니다. 가지고 있는 장난감 자동차는
몇 개인지, 딱지는 몇 개인지 확인하고 싶어 하지요. 큰 구슬과 작은
구슬의 개수를 합하면 얼마나 되는지도 궁금해합니다. 그림책을 보면서도
마찬가지입니다. 『할머니에겐 뭔가 있어!』를 보고 쑥, 땅콩, 곶감 등 여러
음식이 얼마나 나오는지 세어 보기도 하지요.
이 순간을 그냥 지나치면 안 된다는 생각이 듭니다. 아빠는 숫자 놀이를
할 수 있는 재료들을 떠올립니다. 숫자 놀이를 위해 제작된 보드게임이나
숫자 카드, 숫자들이 적힌 브로마이드를 구매해 활용할 수 있지만 집에서
쉽게 구할 수 있는 것을 사용하기로 합니다. 종이컵, 색종이, 털실, 테이프,
네임펜이면 재미난 놀이를 할 수 있습니다.

생각하는 힘을 길러 주는 그림책 놀이

● 그림책 미리 보기

할머니에겐 뭔가 있어!
신혜원 지음, 사계절, 2014

손자 눈에는 할머니가 요술을 부리는 사람입니다. 달걀, 나물 무침, 곶감 등 여러 음식들을 뚝딱뚝딱 만들어 내거든요. 음식들이 어디서 났냐는 손자의 말에 할머니는 달걀은 매일 암탉이 주고 나물은 밭에서 쑥쑥 자라고 곶감은 늦가을이 되면 감나무가 준다고 이야기합니다. 과연 그럴까요? 할머니 이야기는 사실과 살짝 다른 듯합니다. 할머니는 비가 오나 눈이 오나 매일 닭장에 가서 모이랑 물을 주거든요. 나물은 직접 캐고 데치고 또 말려야 무침을 할 수 있습니다. 곶감은 할머니가 직접 나무 위에 올라가 감을 따 하나하나 깎고 꿰어 말려야 얻을 수 있습니다. 할머니의 음식들은 가만히 기다리며 거저 받은 것이 아니라 노력과 사랑으로 얻은 것이지요.

● 활동 살펴보기

준비물 | 종이컵, 털실, 네임펜, 테이프 색종이

"준아, 이 그림책에는 음식이 많이 나오지?"

"어, 많이 나와. 내가 세어 봤는데 계란이랑 쑥은 네 개씩 있어. 나무에는 감이 서른두 개나 열려 있어."

그림책에는 나물, 땅콩, 곶감 등과 같은 다양한 종류의 음식들이 등장합니다. 아이와 그림책을 읽으면서 할머니의 정성이 들어간 먹거리의 종류에

한 번 놀라고 그 양에 또 한 번 놀랍니다. 할머니의 손자처럼 아이도 그 많은 음식이 어디에서 왔는지 궁금해합니다. 수 세기에 부쩍 관심이 많은 아이는 그림을 하나하나 짚어 가며 먹거리가 몇 개 있는지 세어 봅니다. 특히 아이는 자기가 좋아하는 곶감이 나오자 더욱 즐거워하며 처마 밑에 대롱대롱 매달려 있는 곶감을 세어 봅니다.

그림책에서 아이디어를 얻어 집 천장에 숫자를 대롱대롱 매달아 보기로 합니다. 종이컵에 숫자를 적어 곶감을 매달듯 실로 연결해 붙이고 종이비행기로 컵을 맞춰 점수를 내는 놀이입니다. 과연 종이비행기는 몇 개의 종이컵에 명중할 수 있을까요? 아이와 함께 힘차게 날려 보겠습니다.

먼저, 종이컵에 아이들이 알고 있는 숫자를 하나씩 씁니다. 이 종이컵들은 나중에 털실로 연결해 천장에 테이프로 고정할 것입니다. 종이컵은 많을수록 좋습니다. 따라서 천장의 공간을 고려해 최대한 여러 개를 준비하면 좋습니다.

아이는 종이컵에 10, 20, 30, 40, 50, 60, 70을 적습니다. 요즘 들어 10씩 뛰어 세기에 관심이 많은데, 그 관심이 이렇게 표현되는구나 싶어 슬쩍 웃음이 나옵니다.

아빠는 종이컵 바닥을 송곳으로 살짝 뚫어 털실을 컵으로 넣고 안쪽에서 구멍보다 크게 매듭을

종이컵에 숫자를 적을 때에는 한 면만 적지 않고 빙 둘러 가며 골고루 적습니다. 천장에 매달았을 때 어느 방향에서도 잘 보이도록 하기 위해서입니다.

생각하는 힘을 길러 주는 그림책 놀이

만든 뒤 테이프로 한 번 붙여 줍니다. 털실을 종이컵 바깥 면에 테이프로만 붙이면 공중에서 대롱대롱 흔들리다가 종이컵이 떨어질 가능성이 높습니다.

종이컵을 천장에 고정할 때 하나 더 고려해야 할 것이 있습니다. 바로 털실의 길이입니다. 길이가 모두 같으면 종이컵의 높이가 모두 같습니다. 높이 변화가 없으니 조금 단조롭지요. 따라서 털실 길이를 서로 다르게 하여 붙여 주는 것이 좋습니다.

마지막으로 종이컵을 맞출 비행기를 만듭니다. 비행기 접는 방법은 다양합니다. 집에 있는 종이접기 책을 참고하거나 혹은 나만의 방식으로 만들 수도 있습니다. 이제 종이비행기를 대롱대롱 매달려 있는 종이컵을 향해 날리면 됩니다. 비행기가 맞춘 종이컵에 적힌 숫자가 바로 점수가 됩니다.

"20, 30, 맞았어!"

"그러면 총 몇 점이야?"

"음…… 2에 3을 더하면 5이고 뒤에 10이 있으니까 50이네!"

아이는 세 번 비행기를 날려서 두 번 종이컵을 맞혔습니다. 그리고 50점

아이와 어른이 함께 비행기를 던지며 경쟁을 해도 재미있습니다.

을 획득했지요.

비행기가 빗나갈 때마다 아쉬운 마음도 생깁니다. 아이가 몇 번이고 도전하는 동안 자연스레 숫자를 읽고 또 더하기도 합니다. 어른의 점수와 비교해 숫자의 크고 작음을 배우기도 합니다. 아이가 덧셈을 잘 모른다면 어른이 알려 줘도 좋습니다. 초등학교에 입학하기 전 아이는 '다 더하면 몇 점일까?'라고 질문했을 때 '억만, 백만, 천만' 하며 알고 있는 큰 수를 무작정 이야기할 수도 있습니다. 그럴 때는 "○○이가 억만 점이면 ○○이가 이겼네?" 하며 아이의 장단을 맞춰 주어도 좋고, "30이랑 40이랑 더하면 70인데? 3이랑 4랑 손가락으로 세면서 더해 볼까?" 하고 차근차근 덧셈을 같이 해도 좋습니다.

● **생각 나누기**

숫자를 익힐 때 쌓기나무 혹은 수학 교구를 활용해 블록을 하나씩 세어 보면서 공부하는 것도 좋은 방법입니다. 하지만 아이가 매일 읽는 그림책을 활용한다면 부담 없이 즐겁게 숫자 개념을 알아 갈 수 있습니다.

아이들은 그동안 듣고 보았던 숫자들을 머릿속에 담고 있습니다. 숫자 개념을 정확히 알지는 못해도 '숫자'라는 것을 그림처럼 인식하고 있는 셈입니다. 어떤 숫자가 어떤 숫자보다 큰지 작은지, 숫자를 더하거나 빼서 새로운 숫자를 만들 수 있다는 것 등을 놀이를 통해 익혀 나갈 수 있습니다. 놀이는 아빠와 아이가 그저 시간을 재미있게 보내는 수단이 될 수도 있지만, 아이가 어렴풋이 알고 있는 지식을 끄집어 내도록 도와주는 역할도 하는 것입니다.

새로운 생각을 이끌어 내는
그림책 놀이

창의적 사고 역량

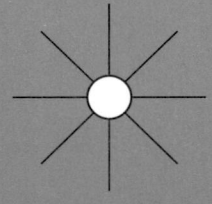

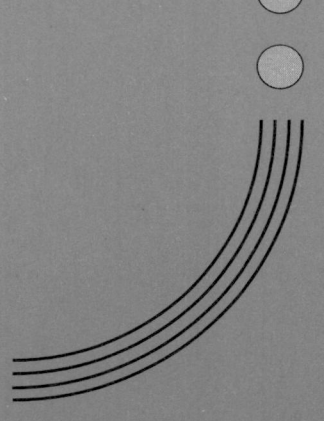

마법 주문 상상하기

놀이 시간 | 30분
놀이 종류 | 언어 놀이
놀이 난이도 | ★★☆☆☆

특정한 글자로 시작하는 다섯 글자 단어를 떠올려 본다면 아이는 얼마나 다양하게 생각할 수 있을까요? 관련 없어 보이는 두 단어를 조합해 다섯 글자를 만들 수도 있고, 의미상 말이 안 되는 단어도 나올 수 있을 것 같습니다. 알고 있는 단어를 떠올려 보고 어떻게 조합할지 선택하는 과정을 많은 아이가 흥미로워하지요.

그림책 『마법 침대』의 주인공도 특정한 글자로 시작하는 다섯 글자 단어를 생각해야 합니다. 무슨 사연인지, 함께 책을 읽어 볼까요?

● 그림책 미리 보기

마법 침대
존 버닝햄 그림 · 글, 이상희 옮김, 시공주니어, 2003

조지와 아빠는 중고 가구점에서 침대 하나를 구입합니다. 침대에는 누워서 마법 주문을 말하면 먼 곳으로 여행을 할 수 있다고 써 있었지요. 첫 글자가 '엄'인 다섯 글자 주문이 적혀 있는데 두 번째 글자부터는 잘 보이지 않아요. 조지는 '엄'자로 시작하는 다섯 글자 말을 찾다가 우연히 마법 주문을 말하게 되고 신비로운 여행을 시작합니다. 요정들을 만나 그림책을 읽어 주기도 하고, 길 잃은 아기 호랑이를 집에 데려다주기도 합니다. 해적에게 쫓겨 놀라기도 하고 돌고래와 수영을 하다 침대를 적시기도 하지요.

어느 날 조지는 가족들과 휴가를 다녀오고, 그사이에 할머니가 새로운 침대를 들인 사실을 알게 됩니다. 허겁지겁 쓰레기장으로 달려가는 조지. 마법 침대를 찾을 수 있을까요? 상상의 세계에서 자유롭게 여행하며 그 세계를 지키고 싶어 하는 아이의 마음을 엿볼 수 있는 그림책입니다.

● 활동 살펴보기

준비물 | 활동지(칸 공책 형태. 다섯 글자가 한 단어처럼 보이도록 다섯 칸마다 간격을 넓게 둔다. A4용지를 가로로 반절 접었을 때 한 면에 다섯 칸씩 7행이 적당하다. 활동지 제작이 어려우면 열 칸 공책을 활용), 연필, 국어사전

조지는 주문을 찾아내려고 애쓰며 엄마 도너츠, 엄마 자동차, 엄마 색연필······ 여러 가지 조합을 만들어 봅니다. 주인공 조지처럼 아이와 '엄'으로 시작하는

다섯 글자를 말해 보기로 합니다. 아이도 '엄마 신발장, 엄마 코딱지' 등 엄마로 시작하는 낱말들을 이야기합니다.

아이가 단어를 직접 쓰며 정리할 수 있도록 활동지를 만듭니다. 이맘때 아이들은 글씨 연습을 하기 때문에 한 칸에 또박또박 쓸 수 있도록 칸 공책 형태로 제작해 봅니다. 마법 주문은 다섯 글자로 되어 있기 때문에 다섯 칸을 한 행으로 삼습니다. A4용지를 가로로 길게 한 번 접고 한 면에 7행 정도 들어가도록 칸을 그려 줍니다. 문서 프로그램을 활용해 출력해도 좋습니다. 아이마다 글씨 크기가 다르므로 그에 맞춰 칸 크기를 만드는 것도 염두에 둡니다. 저학년용으로 시중에 나와 있는 열 칸 공책을 활용해도 좋습니다.

아이가 어느 정도 칸을 채우자 속도가 눈에 띄게 느려집니다. 적당한 낱말이 더 이상 떠오르지 않는다는 의미이지요.

"준아, 우리 저번에 서점에서 샀던 두꺼운 책 기억나?"

"사전 말이야?"

생각나는 단어가 더 이상 없을 때에는 사전을 활용합니다.

아이가 사전 구성 순서, 사전 찾는 법을 모른다면 어른이 도움을 주세요. 사전에는 '엄'으로 시작하는 많은 단어가 있습니다. '어음'을 줄인 말인 '엄'도 있고 '엄나무'도 나옵니다. 아빠가 처음 보는 인물 이름도 있습니다. 사전을 넘기며 아이가 한 번이라도 들어 본 단어, 아이가 뜻을 설명할 수 있는 단어를 추립니다. 아이는 '엄살, 엄지, 엄청'이라는 단어를 발견합니다.

이제 아이는 찾은 말을 활용해 다섯 글자 주문을 채웁니다. 엄지 귀이개, 엄지 공주 똥 등 말이 안 되는 것 같은 단어도 만듭니다. 이맘때 아이들의 웃음 버튼, '똥'이 들어가는 말이 유독 재미있게 보입니다. 뜻이 직관적으로 통하지 않는 말이 나오기도 하고 의미 전달이 제대로 되지 않는 이상한 조합이 만들어지기도 합니다. 하지만 '엄'으로 시작하고 다섯 글자만 된다면 어떤 낱말이든 허용해 주는 것이 좋습니다.

준이가 발견한 '엄살'은 목욕하기 싫어할 때, 예방접종하기 싫어할 때 많은 아이가 일상적으로 듣는 말이지요. 칸을 모두 채우고 나서도 아이는 놀이를

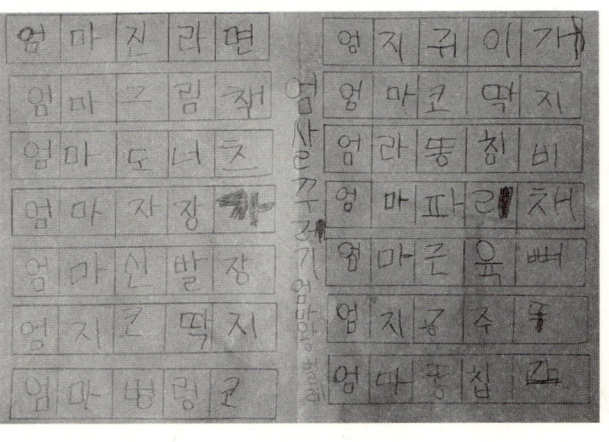

준이가 찾아본 '엄'자로 시작하는 다섯 글자.

새로운 생각을 이끌어 내는 그림책 놀이　　93

멈추지 않고 여백에 '엄살꾸러기'라는 말을 적습니다. 이제까지 아이가 힘들다는 의사를 표현할 때마다 왜 힘들어하는지, 극복하기 위해 어떻게 해야 하는지 깊이 생각하지 않고 '엄살'이라는 말로 아이의 마음을 너무 쉽게 대체하려고 했던 것은 아닌지…… 고민이 깊어집니다.

준이는 평소보다 일찍 침대에 눕습니다. 평소 같으면 텔레비전을 더 보자고 하거나 더 놀자고 했을 것입니다. 하지만 오늘만큼은 그러지 않고 빨리 자자고 합니다. 졸리거나 피곤해서가 아님을 아빠는 알고 있습니다.

준이와 아빠는 침대에 누워 '엄'으로 시작하는 낱말들을 크게 외쳐 봅니다. 아무런 움직임 없는 침대 위에서 아이는 신나게 단어들을 외치다 스르르 잠이 듭니다. 아마 꿈속에서 조지만큼이나 멋진 여행을 하고 있을 것 같습니다.

● 생각 나누기

흔히 '창의성'이라고 하면 글이나 그림을 뚝딱 완성하고, 순식간에 멋진 악상을 떠올리는 것처럼 아주 새로운 것을 생각해 내는 능력, 무에서 유를 창조하는 일이라고 생각하기 쉽습니다. 하지만 많은 연구자들은 창의성을 주변 환경에서 어떤 문제를 예리하게 발견하고, 기존의 것을 다른 관점에서 바라보며 재구성해 변화를 주는 능력이라고 이야기합니다.

창의성을 학문적으로 연구하기 시작한 심리학자 길포드(J.P. Guilford)는 창의성을 이루는 토대를 '많은 정보를 광범위하게 찾는 사고방식'이라고 보기도 했습니다.

마법 주문을 찾으며 세상에 없는 새로운 단어를 만들어 내는 것도 창의적인 역량을 발휘하는 것이지만, 존재하는 단어를 합치는 등 기존의 정보를 활용하는 것 또한 창의적인 사고 과정입니다. 머릿속에서 단어들이 더 이상 떠오르지 않을 때, '사전'이라는 자료를 떠올리는 것 또한 마찬가지입니다.

그러니 새로운 것을 창조하는 작업을 어려워하는 아이를 '창의적이지 않다'고 섣불리 단정하는 일이 없어야겠습니다. 해답을 찾기 위해 어떤 자료를 보면 좋을지 아이와 함께 고민하는 데에서 창의성을 깨우는 일이 시작될 수 있으니까요.

포도의 형제자매 찾기

놀이 시간 | 10분
놀이 종류 | 언어 놀이
놀이 난이도 | ★★☆☆☆

사물을 바라볼 때 궁금증을 가지고 '왜?'라는 질문을 던져 보는 일은
창의적인 사고를 하는 데 중요한 요소입니다. 별것 아닌 일처럼 보이지만
우리는 '당연하다'는 이름표가 붙은 정보를 만나게 되면 의심하기보다는
받아들이는 데 익숙해서 질문을 던지기 쉽지 않거든요. 다행히 우리는 책을
통해 잠깐이나마 고정된 생각에서 벗어날 수 있고, 다양한 상상을 해 볼 수
있습니다. 『이게 정말 사과일까?』를 보고 아이는 좋아하는 과일인 '포도'의
형제자매를 상상해 보았습니다. 이름과 생김새까지, 아이가 상상한 포도의
혈육들은 어떤 모습일까요?

● 그림책 미리 보기

이게 정말 사과일까?
요시타케 신스케 글·그림, 고향옥 옮김, 주니어김영사, 2014

어느 날 주인공 소년은 평소에 봤던 사과가 사과가 아닐지도 모른다는 생각을 합니다. 사과의 색깔, 맛, 모양, 크기가 변할 수도 있지 않을까요? 사과는 큰 체리일 수도 있고, 깎아도 깎아도 껍질만 계속 나오는 과일일 수도 있습니다. 어쩌면 사과는 우리 집까지 오는 동안 아주 많은 것을 봤을지도 모릅니다. 사과와 초성이 똑같은 형제자매가 있을 수도 있지요. 사물을 바라보는 고정관념에서 벗어나 아이들이 상상의 나래를 펼칠 수 있도록 도와주는 그림책입니다.

● 활동 살펴보기

준비물 | 종이, 연필

『이게 정말 사과일까?』에는 사과를 둘러싼 다양한 질문이 등장합니다. 사과는 왜 여기로 오게 됐는지, 사과에서 매운맛이 나지는 않을지, 새로운 관점에서 재기발랄한 내용을 제시하지요. 아이는 사과의 형제자매를 보여 주는 페이지에 특히 관심을 보입니다. 우리가 형제자매와 같은 성을 쓰듯, 사과의 형제자매도 '사과'라는 각 글자의 맨 앞부분, 즉 초성을 동일하게 씁니다. 달팽이 모양인 '상과', 다리가 여러 개 달린 '사꽁', 피망처럼 생긴 '사괄' 등 페이지 가득 그려진 형제자매를 보면 사과가 심심할 틈이 없을 듯합니다. 아무 생각 없이 먹었던 사과에 이렇게 다양한 혈육이 있다니! 아이가 좋아하는 과일 '포

새로운 생각을 이끌어 내는 그림책 놀이　　**97**

도'도 여러 형제자매가 있지 않을까요?

이번 그림책 놀이는 포도의 혈육을 찾아보는 활동입니다. 사과처럼 초성 'ㅍ, ㄷ'은 일치할 것 같습니다. 만약 아이가 수박을 좋아한다면 'ㅅ, ㅂ' 딸기를 좋아한다면 'ㄸ, ㄱ' 초성을 가진 형제자매를 찾아보세요. 과일뿐만 아니라 채소 등 다른 먹을거리를 활용해도 좋습니다.

'푸두', '퍼덕', '퐁동' 등 재미있는 이름이 여럿 등장합니다. 그림책이 그랬듯, 아이가 만든 포도의 형제자매 이름도 큰 의미가 없습니다. 그저 재미난 발음을 찾아가듯 아이는 입으로 음절을 굴려 보며 단어를 생각해 냅니다. 이제 상상력을 발휘해 각 형제자매의 모습을 그려 줄 때입니다. 서로 다른 두 형태를 합쳐도 좋고 과일과 전혀 상관없는 사물에 포도 꼭지를 그려 주어도 좋습니다. 더하기, 빼기, 크기 바꾸기, 모양 바꾸기, 결합하기 등과 같은 여러 방법을 활용해 새로운 형태의 포도를 만듭니다.

아이가 끄적이는 모습을 보며 놀이에 동참하기로 합니다. 종이 한 귀퉁이에 '포도'와 '푸두'를 작게 그렸습니다. 아이의 '퐁동'과 '퍼덕'은 무척 자유로운 모양입니다. 어른인 아빠의 그림은 '과일' 혹은 '먹는 것'을 생각했을 때 흔히 떠오르는 형태입니다. 아이의 그림은 구성에 제한을 두지 않고 크면 큰 대로, 흐물거리면 흐물거리는 대로 끄적거린 모양입니다. 게다가 아빠는 그림책에 나온 것처럼 다른 과일들을 촘촘히 배열해야겠다는 마음이었는데, 아이는 그림책과 또 다른 느낌으로 상상력을 발휘한 것입니다.

● **생각 나누기**

우리에게 익숙한 과일과 비슷한 어른의 그림, 과일이라기에는 파격적으로 느껴지는 아이의 그림은 학교 현장에서 아이들을 만나 온 저에게 많은 생각거

아빠와 준이가 상상한 포도의
형제자매.

리를 던져 주었습니다. 어른이 아이보다 다양한 교육을 받았고, 일정 '틀'에
맞춰 사고하고 세상을 바라보는 방식에 익숙하기 때문에 이런 결과물이 나왔
을까요? 준이를 보면서 어쩌면 새로운 생각이라는 것은 기존의 틀을 의식하
지 않는 자유로움에서 나오지 않을까 곱씹게 됩니다.

"아빠, 포도를 그리니까 포도가 뜨고 싶어졌어. 그런데 포도 말고 '퍼덕'
이랑 '퐁동' 먹을 거야!"

그날 저녁 아빠는 포도를 씻어 내옵니다. 아빠는 '달콤한 포도'를 먹지만
준이가 먹은 것은 '쌉사름한 퍼덕'과 '매콤한 퐁동'이었습니다.

③

웜기어 키트로 자동차 만들기

놀이 시간 | 40분 이상
놀이 종류 | 만들기 놀이
놀이 난이도 | ★★★★★

자동차는 많은 아이들이 갖고 싶어 하는 장난감 중 하나입니다. 마트에 가서 모형 자동차를 볼 때, 공원 같은 곳에서 아이가 탈 수 있는 미니 자동차 빌려 주는 모습을 볼 때 도무지 그냥 지나치려고 하지 않습니다. 존 버닝햄의 『검피 아저씨의 드라이브』를 본 준이도 마찬가지입니다. 그림책에 등장하는 멋진 자동차를 갖고 싶다며 노래를 불렀지요. 손으로 밀면서 놀아야 하는 자동차보다는 스스로 움직이는 차를 갖고 싶다고 조르기도 합니다. 이 난감한 상황을 어떻게 대처할 수 있을까요? 문득 초등학생 아이들과 실과 시간에 해 본 '웜기어 자동차 만들기 활동'이 생각났습니다. 초등학교에 입학하지 않은 아이에게 버거울 수 있지만 일단 함께 도전하기로 합니다.

● 그림책 미리 보기

검피 아저씨의 드라이브
존 버닝햄 그림·글, 이주령 옮김, 시공주니어, 1996

검피 아저씨는 동네 꼬마들, 토끼, 고양이, 개 등
과 함께 자동차 드라이브를 떠납니다. 하지만 비
가 오고 자동차 바퀴는 질퍽한 땅에 빠져 헛돌
아 앞으로 나가지 못합니다. 아저씨는 누군가가
내려서 차를 밀어 줘야 한다고 이야기합니다. 하지만 탑승객들은 각자 핑계가
있습니다. 닭은 밀 힘이 없다고 하고 양은 감기에 걸릴지도 모른다고 하지요.
돼지는 발에 가시가 박혔고 개는 차라리 운전을 하겠대요. 동물들이 핑계를
대는 동안 차는 땅으로 더 깊이 빠지고 맙니다. 결국 모두가 힘을 모아 자동차
를 밀어 올리고, 차에 탄 동물들과 아이들은 검피 아저씨네 집 수영장에서 한
바탕 같이 놉니다.

● 활동 살펴보기

준비물 | 웜기어 자동차 만들기 키트(감속 모터, 플라스틱병 뚜껑, 전선, 스위치, 빨대, 나무 막대, 9V
건전지), 테이프, 글루건, 가위

아이는 그림책을 보고 다양한 동물들을 태우는 자동차, 멋진 드라이버인 검
피 아저씨에게 단단히 반한 것 같습니다. 차가 붐벼도 모두를 태워 주는 멋진
검피 아저씨와, 보기만 해도 마음이 확 트이는 들판이 어른에게도 아이에게
도 '드라이브'의 로망을 심어 준 것 아닐까요?
　아빠는 웜기어로 움직이는 모형 자동차를 만들기로 하고 '웜기어 자동차

새로운 생각을 이끌어 내는 그림책 놀이　　**101**

만들기 키트'를 구입합니다. 모든 재료를 하나하나 준비하지 않아도 되고 설명서가 함께 들어 있어 어른과 함께한다면 충분히 재미있게 만들 수 있습니다. 사실 아빠의 걱정은 이만저만이 아닙니다. 실과 시간에 5학년 아이들과 함께 활동한 기억이 떠올랐기 때문입니다. 수업 시간에 학생들에게 웜기어 자동차 만들기 키트를 나눠 주고 자동차 만들기를 했었지요. 재료들을 간단하게 자르고 붙이는 활동은 즐거웠지만 5학년에게도 웜기어, 전선, 스위치, 건전지 등의 부품을 어떻게 연결하는지 이해하는 일은 무척 어려웠습니다.

기어란 둘 이상의 톱니바퀴가 맞물려 돌면서 회전력과 동력을 만들어 내는 장치입니다. 웜기어는 둥근 톱니바퀴가 나선형 홈이 파인 막대와 맞물린 형태이지요. 톱니바퀴가 돌면서 막대를 회전시키는 구조로, 힘을 가하는 방향과 전달받는 방향이 수직으로 이루어져 있습니다. 막대를 직접 돌리는 것보다 힘을 덜 들이고 회전 운동을 만들어 낼 수 있지요.

준이 또래의 아이가 기어의 구조나 힘의 방향 같은 배경지식을 알기는 어렵습니다. 자동차에 관심 많은 아이가 조종 가능한 자동차 만들기를 시도해 보는 데에 의미를 두면 좋겠습니다.

구매한 웜기어 키트가 설명을 잘 갖추려 놓았다고 해도 어른 대부분이 생소하게 느낄 수 있습니다. 어른이 먼저 설명서를 보고 제작 순서와 방법을 익혀 두면 좋습니다. 설명서 안에 제작 영상을 QR코드로 안내하기도 하므로 큰 어려움 없이 따라 할 수 있을 것입니다.

인터넷에서 '웜기어 자동차 키트'를 검색하면 탐사 로봇, 4륜 구동 자동차 등 다양한 외형의 만들기 키트가 검색됩니다. 그중 학교 수업에서 활용한 키트를 골랐지요. 과학 교구 판매 사이트, 교사들이 활용하는 학습 자료 전문 쇼핑몰 등 다양한 경로가 있으니 비교해 보면 좋습니다.

키트로 만드는 웜기어 자동차는 모터 안에 웜기어가 있는 형태입니다.

감속 모터라고도 하는 이 모터가 돌아가며 동력을 뒷바퀴에 전달하는 2륜구 동 방식으로 움직이지요. 바퀴가 되는 것은 플라스틱병 뚜껑입니다. 아이스 크림 막대는 자동차 본체가 되어 막대 위아래로 모터, 건전지, 자동차를 작동 시키는 스위치, 바퀴가 부착되지요.

설명서를 따라 만들다가 아이들이 어려움을 겪을 때, 바로 도와주기 보다는 조금 지켜보는 시간이 필요합니다. 문제를 해결하기 위한, 아이들의 과제집착력을 높여 주는 하나의 방법이지요. 도움이 필요할 때가 되었다 싶으면 적극적으로 개입해 주세요. 자동차를 만들 때 건전지, 스위치, 모터 세 부품을 전선으로 연결해야 하는데, 이때 전선이 붙은 덮개를 건전지에 끼워야 합니다. 준이는 덮개까지는 혼자 씌웠습니다. 하지만 +극과 -극을 구분해 전선을 연결하는 일처럼 과학 지식이 필요한 일은 어려워합니다. 모터, 스위치, 건전지를 먼저 연결하고 기어가 움직이는지 확인하는 일, 바퀴로 쓰일 플라스틱병 뚜껑에 구멍을 뚫는 위험한 일은 아빠와 함께합니다.

몇 번의 시행착오 끝에 모터가 우렁찬 소리를 내며 작동합니다. 기어를 작동시켰으니 이제 자동차는 거의 다 만들어진 것이나 다름없습니다. 다음으로 웜기어와 건전지, 스위치를 아이스크림 막대에 고정시킵니다.

이제 바퀴를 연결할 차례입니다. 바퀴는 앞서 언급했듯 플라스틱병 뚜껑을 활용합니다. 뒷바퀴는 모터 안에 있는 웜기어에 고정하고 앞바퀴는 빨대를 이용해 달아 줍니다. 먼저, 병뚜껑 중심에 구멍을 뚫고 동그란 나무 막대를 끼웁니다. 막대 위로 빨대를 끼우고 반대쪽 막대에 남은 병뚜껑을 마저 끼웁니다. 빨대 안에서 막대가 돌며 바퀴가 움직이게 되지요. 그렇게 네 개의 자동차 바퀴를 모두 연결합니다.

이제 운전해 볼 차례입니다. 휘이이익- 바퀴가 빠르게 돌아가며 차가 거실을 가로지릅니다.

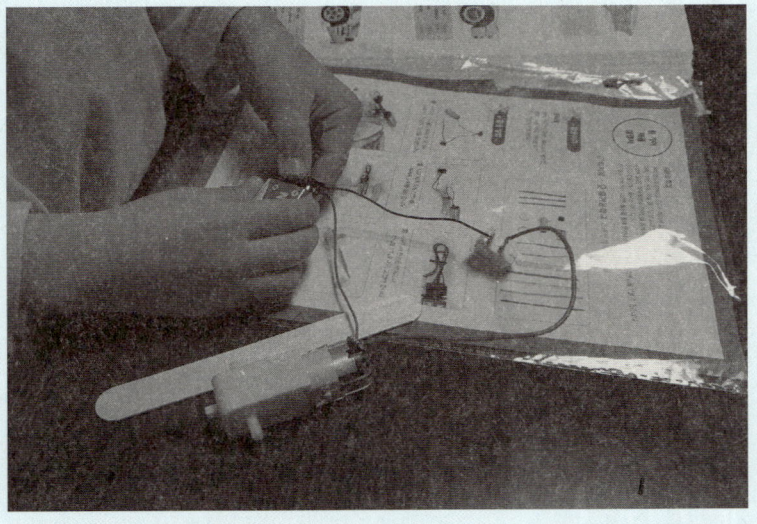

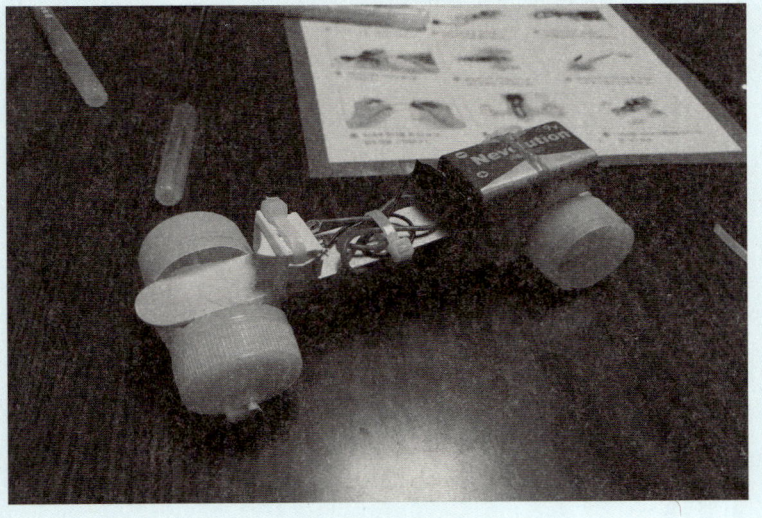

단순해 보이지만 빠르게 움직이는 웜기어 미니 자동차!

하루 30분 그림책 놀이

● 생각 나누기

즐겁게 만든 웜기어 자동차는 한동안 아이가 무척 좋아하는 장난감이 되었습니다. 스위치만 누르면 자동차가 스스로 움직이니 신기해하고 몇 번을 가지고 놀아도 신난 표정입니다.

　주위에서 쉽게 구할 수 있는 택배 상자, 페트병만 활용한 놀이는 색다른 활동을 해 보기에 어느 정도 한계가 있습니다. 집에 있는 재료만으로 모터 달린 장난감을 만들기는 쉽지 않은 것처럼요. 그럴 때 활용할 수 있는 것이 교구입니다. 물론 설명서대로 만들기가 조금 복잡하기도 하고 아이의 눈높이에서는 이해하기 어려운 원리가 적용되기도 합니다. 하지만 다 만들어진 제품을 소비하기만 하는 것과 비교할 수 없는 재미를 느낄 수 있습니다. 어른과 아이가 함께 '왜 안 될까?'에 관한 답을 찾는 과정에서 몰입의 즐거움이 생겨납니다. 자르고 붙이는 익숙한 활동에서 벗어나 익숙하지 않은 방식에 도전하는 과정에서 새로운 경험, 새로운 생각을 하게 되지요.

　인터넷 검색 몇 번이면 아이의 연령대에 맞는 만들기 키트를 찾을 수 있습니다. 예를 들어, 자동차와 관련된 만들기 놀이를 하고 싶다면 움직이는 자동차 만들기 이외에도 초등학교 입학 전 아이들이 쉽게 할 수 있는 LED 램프 연결하기 등 다양한 활동을 찾을 수 있지요. 판매처마다 연령과 제작 난이도를 표시하기도 하므로 아이와 어른의 관심사를 기준으로 적절한 놀이를 택할 수 있을 것입니다.

색다른 맛 셔벗 만들기

놀이 시간 | 30분(얼리는 시간 제외)
놀이 종류 | 살림 놀이
놀이 난이도 | ★★☆☆☆

교실에서 이루어지는 여러 활동 중에 아이들이 가장 좋아하는 활동이 무엇인지 아시나요? 바로 실과 시간에 하는 '음식 만들기'입니다. 집에서도 아이들은 음식 만드는 활동을 무척 즐거워합니다.

무더운 여름, 냉장고 이곳저곳에 있는 재료를 활용해 그림책 『달 샤베트』에 나온 '샤베트' 즉 '셔벗'을 만들어 볼까요? 엊그제 사놓은 토마토주스, 먹고 남은 망고주스, 냉동실에 있는 블루베리, 아이가 좋아하는 젤리 등이 있습니다. 수제 셔벗은 이렇게 간단한 재료들을 활용해서 만들 수 있지요. 물론, 재료를 혼합해서 셔벗을 만드는 경우, 새로운 맛을 예상하고 상상하면서 창의력이 발휘되기도 한답니다!

● 그림책 미리 보기

달 샤베트
백희나 지음, 책읽는 곰, 2014

사람들 모두 에어컨과 선풍기를 밤새 틀 만큼 더운 여름입니다. 하늘에 떠 있는 달도 더위를 견디지 못해 녹아내리지요. 아파트의 반장 할머니는 녹은 달물을 받아 샤베트를 만듭니다. 그런데 그만, 아파트가 정전이 되어 버리고 맙니다. 이웃들은 밖으로 나왔다가 노란빛이 나는 반장 할머니 집으로 향합니다. 할머니는 달 샤베트를 나누어 주지요. 달이 녹는다는 상상을 통해 지구 온난화와 기후 변화에 관해 생각해 볼 수 있는 그림책입니다.

● 활동 살펴보기

준비물 | 얼음틀, 막대, 각종 과일 및 젤리

더운 여름에 먹는 셔벗은 그야말로 무더위를 모두 날릴 만큼 시원합니다. 여러 재료로 만들어도 맛있는데 하늘에 떠 있는 달로 만들었다면 얼마나 맛있고 시원했을까요?

『달 샤베트』를 읽은 아이는 시원한 '샤베트'를 먹고 싶다고 말합니다. 집에 있는 재료들을 활용하면 거뜬히 만들 수 있겠지요.

셔벗은 안에 들어가는 재료에 따라 이름이 달라집니다. 재료가 달라지니 당연히 그 맛도 다를 것입니다. 따라서 어떤 재료를 어떻게 섞을 것인가 고민하는 일은 셔벗 만들기에서 중요한 과정입니다.

새로운 생각을 이끌어 내는 그림책 놀이

하지만 재료를 직접 보지 않고 머릿속으로만 생각하니 쉽게 조합이 되지 않습니다. 재료를 직접 보면 정확하게 어떤 셔벗을 만들지 빠르게 그려 볼 수 있습니다. 아빠는 냉장고 안에서 셔벗을 만들 만한 재료를 꺼냅니다.

"준아, 먼저 어떤 재료들을 섞을지 생각해 볼까?"

"빨간 토마토주스와 진한 보라색 블루베리가 어울릴 것 같아. 그리고 감귤주스와 망고주스는 둘 다 노랑이니까 색도 잘 어울리고 새로운 맛도 만들어질 것 같아."

"여기 노란색 과일 하나 발견! 노란 감귤주스와 망고주스에 노란 귤을 하나씩 넣으면 노란 삼총사 셔벗을 만들 수 있을 것 같은데."

"그럼 세 번째 셔벗에는 남은 주스들을 모두 섞고 내가 좋아하는 젤리를 넣을 거야."

아이와 아빠는 음식 재료들을 섞었을 때 맛있을 것 같은 조합을 찾기도 하고 색이 비슷한 재료들을 모으기도 합니다. 머릿속으로 다양한 재료를 섞는 과정에서 그 맛과 색을 상상합니다. 한 가지 재료로 만들었다면 이렇게 재미난 과정은 없었을 것입니다. 재료를 섞는 단순한 과정이지만 아이는 맛은 어떨지, 색은 어떻게 변할지 생각하며 창의력을 발휘할 수 있게 됩니다.

아이는 아빠와 이야기를 나누면서 만들고 싶은 셔벗을 머릿속으로 모두 구상했습니다. 이제는 아이스크림 틀에 재료를 넣어 적절히 섞기만 하면 됩니다. 아이의 손놀림이 무척 재빠릅니다. 재료들을 머릿속으로 조합하는 과정에서 한번 먹어 본 듯 그 맛을 상상했기 때문에 실제로 어떤 맛일지 무척 기대하고 있나 봅니다.

첫 번째 셔벗은 토마토 주스와 블루베리가 들어간 '토블' 셔벗, 두 번째는 감귤주스, 망고주스, 귤을 섞은 노란 삼총사 '감망귤' 셔벗입니다. 마지막으로 남아 있는 모든 재료를 섞어, 먹기 전부터 그 맛이 기대되는 '감파사젤' 셔벗입니다. 감귤주스, 파인애플주스, 사과주스 그리고 젤리를 섞었기에 어떤 맛이 날지 쉽게 예상되지는 않습니다. 하지만 아이가 좋아하는 젤리가 들어가 있으므로 실패하지 않을 맛임에는 분명합니다.

서로 다른 종류의 셔벗을 만든 후에는 냉동실에 넣기 전에 꼭 그 종류를 구분해야 합니다. 포스트잇에 각각의 이름을 기록하고 얼음틀에 붙입니다.

아이는 자꾸만 냉동실 문을 엽니다. 아마도 셔벗이 빨리 완성되기를 바라는 마음 때문이겠지요. 맛이 무척이나 궁금하지만 그 마음을 꾹 누른 채 하루를 기다립니다.

다음 날, 냉동실 문을 연 아이가 "다 됐다!" 하고 크게 외칩니다. '토블',

재료를 섞은 후에는 이름표를 붙여서 셔벗을 구분합니다.

새로운 생각을 이끌어 내는 그림책 놀이　　**109**

'감망귤', '감파사젤' 세 종류의 셔벗을 하나씩 꺼내어 모두 맛을 봅니다.

아빠가 셔벗을 먹는 아이에게 맛을 물어봅니다. 아이는 한참을 생각합니다. 맛을 표현하기 위한 적절한 낱말을 찾는 것이 어려워 보이는 표정이기도 하고 온전히 맛을 음미하고 싶은데 왜 그런 걸 묻냐며 귀찮아하는 듯하기도 합니다.

"토블은 토마토 주스를 얼린 맛이야. 블루베리 맛은 잘 안 느껴져. 감망귤은 시고 달콤한 맛이 나고 감파사젤은 음…… 맛이 좀 이상하긴 한데 내가 좋아하는 젤리가 들어 있어서 가장 좋아."

아빠는 고개를 갸우뚱합니다. 아이의 말은 알 것 같으면서도 잘 모르겠습니다. 그래도 나름대로 맛을 표현하는 걸 보니 재료가 섞여도 알아챌 수 있는 특별한 맛이 있나 봅니다. 그렇게 아빠와 준이는 셔벗을 먹으며 시원하게 여름 한날을 보냅니다.

● 생각 나누기

셔벗 하나를 만드는 활동 안에는 여러 종류의 재료를 섞는 '융합'의 과정이 들어 있습니다. 단순히 재료를 섞는 일로 보일 수 있지만 이 과정에서 평소 알고 있던 맛과는 다른 새로운 음식이 탄생합니다. 당연히 색도 바뀌며 이름도 새롭게 만들어집니다. 전에 없던 맛, 색, 이름을 가진 셔벗이 탄생한 것이지요. 이렇게 음식 재료들을 섞어 보는 과정에서 융합의 기초를 간접적으로 경험하게 됩니다.

'내가 알고 있는 맛'들을 머릿속으로 이리저리 조합하고 재구성하며 새로운 결과물을 만들어 내는 활동도 큰 틀에서는 창의적인 대안을 생각하는 '생각 연습'으로 볼 수 있을 것입니다.

물론, 아이는 빨리 셔벗을 먹고 싶어 하는 귀여운 마음만 가득할 뿐입니다. 그래도 괜찮습니다. 아이 마음속에는 아빠와 함께 그림책을 읽었던 감동과 무더운 여름날 직접 재료를 준비해 셔벗을 만들어 본 추억이 담겨 있을 것입니다. 감동과 추억은 사라지지 않고 아이가 더 새로운 생각을 만들어 나갈 수 있는 밑거름이 되겠지요.

5

뚝딱뚝딱 텔레비전 만들기

놀이 시간 | 40분 이상
놀이 종류 | 만들기 놀이
놀이 난이도 | ★★★☆☆

텔레비전은 어떻게 사용하느냐에 따라 유익한 도구도 되고 네모난 고철이 될 수도 있습니다. 종이 상자도 마찬가지입니다. 내가 주문한 상품을 담고 있으면 빨리 도착하기를 바라는 택배 상자가 되기도 하고 역할을 다했다면 재활용 쓰레기가 되기도 합니다. 상자를 이리저리 오리고 꾸미면 멋진 텔레비전 모양의 놀잇감으로 탈바꿈되기도 합니다. 텔레비전으로 변하는 종이 상자의 모습, 기대되지 않나요? 지금부터 텔레비전 놀잇감으로 제2의 인생을 살아가는 상자의 변신 과정을 구경하러 가겠습니다.

● 그림책 미리 보기

고물 텔레비전의 황금 시간
이나바 다쿠야 원작·그림, 하세가와 요시후미 글, 김소연 옮김,
천개의바람, 2015

주인공인 텔레비전은 한때 사람들에게 사랑받았지만 지금은 고물 처리장에 버려진 신세입니다. 브라운관도 없는 그저 텅 빈 고철 덩어리에 불과하지요.

텔레비전에게도 멋진 인생이 있었습니다. 저녁 방송이 나오는 시간이면 온 가족이 둘러앉아 모두 텔레비전을 바라보았지요. 시간이 흘러 텔레비전보다 더 재미있는 것들이 나오자 더 이상 텔레비전은 가족들에게 소중한 존재가 아니었습니다.

하지만 고물 처리장에 버려져 생명을 다할 것만 같았던 텔레비전은 '닭장'으로 다시 태어나게 됩니다. 닭장이 된 텔레비전은 제2의 멋진 인생을 살아갈 수 있겠지요?

● 활동 살펴보기

준비물 | 재활용 상자(윗면 덮개를 걷어 낼 것), 칼, 가위, A4용지, 매직, 색연필, 테이프, L자 파일

"아빠, 텔레비전이 그냥 버려졌다면 쓰레기가 되었을 건데 이렇게 닭장으로 만들어지니까 다시 사랑받는 존재가 되었어. 텔레비전에게 황금 시간이 온 거야!"

그림책을 함께 읽은 아이는 작가가 하고 싶은 이야기를 정확하게 알아

새로운 생각을 이끌어 내는 그림책 놀이

챕니다. 아빠가 별다른 이야기를 덧붙이지 않고 내용만 읽어 주었을 뿐인데 말입니다. 그림책은 이렇게 짧은 글, 등장인물이 덤덤하게 던지는 말 한마디, 아이들의 눈높이에서 그린 그림이 어우러져 잔잔한 감동을 전달해 줍니다. 아이가 받은 감동을 조금 더 확장해 주는 일이 아빠가 할 역할이기에 집에 있는 과일 상자로 무얼 만들어 볼까 고민합니다.

"준아, 텔레비전이 닭장으로 새로운 황금 시간을 가진 것처럼 우리도 이 상자에게 새로운 시간을 선물해 줄까?"

"그러면 아빠, 그림책에 나온 것처럼 텔레비전을 만들면 좋겠어. 상자가 네모나게 생겼잖아. 텔레비전 만들면 딱 좋은 모양이야."

준이 말을 듣고 보니 네모난 재활용 상자와 텔레비전이 비슷해 보입니다. 물론 몇 가지 더 필요한 것들이 있지요. 장면을 보여 주는 브라운관이 필요하고 채널을 돌릴 수 있는 장치도 필요하며 전파를 받아들이는 수신기 및 여러 장치가 있어야 합니다. 간략한 설명을 들은 아이는 그림책에 그려진 텔레비전 그림을 유심히 보더니 집 안 곳곳에서 필요한 재료를 가지고 옵니다. '처치 곤란'인 플라스틱 빨대, 나무젓가락, 플라스틱 숟가락 등이 드디어 쓰임새를 찾았습니다.

"아빠, 텔레비전 안에는 화면을 보여 주는 장치, 소리가 나오게 해 주는 장치가 있을 거야. 또 많은 전선과 기계 부품이 복잡하게 연결되어 있어서 리모컨이 누르는 대로 작동하는 거야."

먼저, 상자 윗면의 덮개를 제거해 텔레비전 화면이 들어갈 자리를 만듭니다. 상자 내부는 모니터 역할을 하지요. L자 파일을 화면으로 활용할 예정입니다. L자 파일의 뚫려 있는 부분을 위로 해 덮개가 제거된 부분에 붙입니다. A4용지에 그린 장면을 손쉽게 넣었다 뺐다 하며 화면을 전환하는 역할을 하지요.

텔레비전 내부를 다 완성한 후에는 외부를 장식해 줍니다. 세상에는 다양한 형태, 크기, 색을 지니고 있는 텔레비전이 많습니다. 아이가 만드는 텔레비전은 세상에 하나밖에 없는 텔레비전입니다. 빨대, 나무젓가락, 플라스틱 숟가락과 플라스틱 포크를 활용해 텔레비전의 뒷면에 여러 장치도 만들기 시작합니다.

그다음에는 텔레비전에서 방영될 만화를 A4 용지에 그리고 순서대로 파일에 끼웁니다. 텔레비전 화면에는 '불정귤'이라는 만화영화의 첫 화면이 보입니다.

"아빠, 이 만화 제목은 <불정귤>이야. 두 번째 장면을 보면 세 마리의 불정귤이 나오는데 삼총사야. 바다에 사는 미역, 물고기, 게가 주인공이야. 그런데 사람들이 버린 귤껍질, 쓰레기들 때문에 이렇게 모양이 이상하게 변한 거야."

아이가 어떤 생각에서 불정귤 이야기를 떠올렸는지 짐작해 봅니다. 아이는 얼마 전, 사람들 때문에 오염된 바다에서 아파하는 동물들 이야기를 읽었습니다. '블랙 불정귤' 캐릭터를 보니 그림책 『쇠를 먹는 불가사리』에서 영감을

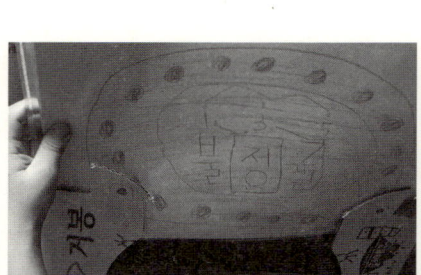

직접 스토리텔링하고 그린 만화 <불정귤>이 시작됩니다. 개봉박두!

새로운 생각을 이끌어 내는 그림책 놀이　115

얻은 것 같기도 합니다.

아이의 이야기는 흐
름이 매끄럽지 못하고 맥
락이 약해 보이기도 하지
만 새로운 이야기를 스스
로 만들어 낸 것 자체만
으로도 중요한 의미가 있
습니다. 그동안 읽었던
그림책 내용이 융합되어
새로운 이야기를 창조했

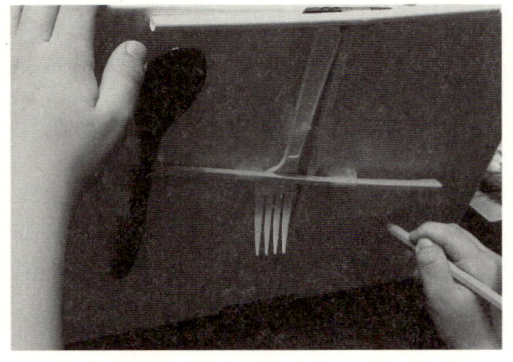

재활용품에 상상을 더하니 멋진 이야기를 간직한 텔레비전 부품이 되었습니다.

으니 이보다 더 좋은 창작의 과정은 없을 것입니다.

"준아, 텔레비전 뒷면에 붙어 있는 이것들은 무슨 역할을 하는 장치야?"

"빨대는 텔레비전이 균형을 잘 잡고 서 있을 수 있도록 도와주는 균형 장
치고 숟가락은 안테나야. 여기 움푹 들어간 곳으로 전파들이 모여. 포크와 나
무젓가락은 텔레비전 화면이랑 소리가 잘 나오도록 도와주는 장치야. 안에도
있지만 이렇게 밖에도 있어서 화면이 더욱 선명하게 나오고 소리도 또렷하게
들려."

텔레비전 뒷면에 있는 재활용품 어느 하나 허투루 붙은 게 없습니다. 모
두 다 또렷한 역할을 합니다. 머릿속에만 있던 생각들이 이렇게 구체적인 재
료들을 만나니 이야기할 거리들이 많아집니다.

● **생각 나누기**

오늘 아이와 과일 상자를 활용해 텔레비전을 만들었습니다. 아이가 '균형을

잡아 주는 장치', '전파가 모이는 곳'이라고 조금은 엉뚱한 표현을 해도 아빠는 고개를 끄덕이며 흥미롭게 경청했습니다. 아이는 아빠의 이런 모습을 보고 더 신나 하며 이야기를 길게 이어갑니다. 그리고 아빠는 아이가 그리고 만드는 과정에 집중하며 작은 요소에도 관심을 보이고 질문을 던집니다. 아이가 하는 모든 행동과 공들여 만든 결과물에는 나름대로의 이유가 있을 테니까요.

아이의 창의성을 계발하는 데에 비싼 교구, 많은 시간이 필요한 것은 아닙니다. 아이가 무언가를 하거나 만들 때 기다려 주기, 따뜻하게 바라보며 존중하는 대화 하기, 그것이면 충분하지 않을까요?

6

나만의 창작 동화 만들기

놀이 시간 | 40분 이상
놀이 종류 | 언어 놀이
놀이 난이도 | ★★★☆☆

프랑스의 유명한 영화감독 프랑수아 트뤼포는 '영화를 사랑하는 방법'에 관해
이야기했습니다. 첫 번째는 한 영화를 반복해 보는 것이고, 두 번째는 평론을
하는 것이고 세 번째는 영화를 직접 만들어 보는 것이라고 했지요.
시간 날 때마다 아이에게 책을 만나게 해 주려고 부던히 노력한 덕분일까요?
아이는 어느새 책과 이야기를 사랑하게 된 것 같습니다. 책을 읽는 데에서
그치지 않고 이야기가 어떻게 만들어지는지 궁금해했지요.
캐릭터와 스토리텔링을 구상하는 일은 훌륭한 창조 행위입니다. 창작 활동이
재미난 놀이의 일부가 된 시간, 함께 들여다볼까요?

● 그림책 미리 보기

맛있는 이야기책
엘라 버풋 지음, 서남희 옮김, 다림, 2015

이야기 만드는 과정을 요리에 빗댄 그림책입니다. 먼저, 달걀 요리를 하듯 생각을 톡 깨 넣습니다. 영감이 찾아오면 이야기를 써 나갈 준비가 된 것이겠지요. 그다음에는 생각들을 섞고 저어 거품을 냅니다. 스토리텔링을 하는 과정에서 다양한 아이디어를 더하기도 하고 또 버리기도 하고, 새로운 에피소드를 떠올리는 것처럼 말입니다.

이야기를 쓰려면 낱말의 무게도 재야 합니다. 어떤 단어가 좋을지 고민하며 고를 때가 많은 것처럼요. 인물 쿠키도 만들어야 하지요. 등장인물이 어떤 모습인지, 성격은 어떤지도 정해 두어야 각 캐릭터가 상호작용을 하면서 이야기의 배를 운전해 나가니까요. 결말을 어떻게 낼지 정하는 일도 중요합니다. 행복 시럽을 발라 오븐에 노릇노릇 구우면 요리 끝! 맛있는 이야기 한 편이 완성됩니다.

● 활동 살펴보기

준비물 | A4용지 다섯 장, 스테이플러, 색연필

"책은 어떻게 써?"
"책을 다 쓰려면 얼마나 걸려?"
최근 들어 책이 어떻게 만들어지는지 질문하던 아이는 이 그림책을 읽

새로운 생각을 이끌어 내는 그림책 놀이   **119**

고 책의 내용인 '이야기' 만들기에 더욱 관심을 보입니다. 그림책에 나오는 것처럼 이야기를 맛있게 요리해 '나만의 그림책'을 만들기로 합니다.

종이 한 장을 책 형태로 만드는 방법은 다양합니다. 학교나 미술학원 등에서 가장 많이 활용하는 방법을 먼저 소개하겠습니다. A4용지를 8등분으로 접은 형태입니다.

1

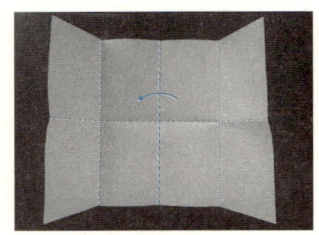

종이를 8등분해서 접습니다.

2

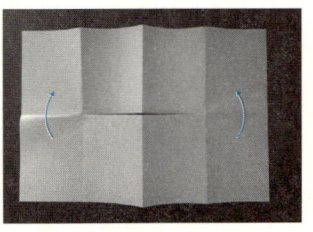

가로로 길게 종이를 놓고 처음 접은 선의
한가운데를 따라 접은 뒤 오른쪽 부분을 잘라 줍니다.

3

다시 펼치면 가운데 4쪽을 따라
가위 선이 나 있는 모양이 됩니다.

4

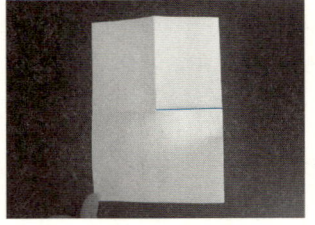

3번 과정의 화살표 모양으로 양쪽을 접으며 잡고
종이를 가운데로 밀면 이런 모양이 됩니다.

5

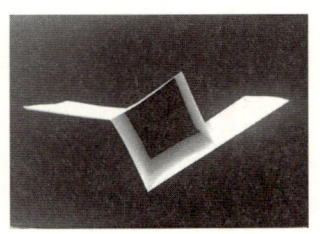

가운데로 힘을 주어 책 모양을 만들어 줍니다.

하루 30분 그림책 놀이

아이는 그림을 크게 그리는 성향이 있어 좀 더 간편한 방법으로 사이즈가 큰 책을 만들기로 합니다. 먼저, A4용지 다섯 장을 준비합니다. 다섯 장을 모두 반으로 접어 책이 접히는 부분을 스테이플러로 고정해 줍니다.

책에는 앞표지와 뒤표지가 있습니다. 접은 A4용지의 가장 앞면과 뒷면은 표지로 사용되는 부분입니다. 표지의 역할이 무엇인지, 표지에는 어떤 내용이 들어가는지도 알아야 합니다.

"준아, 책에는 표지가 있어야 해."

"표지가 뭔데?"

"책을 싸는 포장지 같은 거야. 준이도 친구한테 생일 선물 줄 때 예쁘게 포장을 하잖아? 작가가 준이 같은 독자들한테 소중한 이야기 선물을 전달한다고 생각하면 책을 예쁘게 포장하고 싶겠지? 그래서 표지를 예쁘게 꾸미기도 해."

"포장지에 이름도 써?"

"작가한테 책 선물을 직접 받는 게 아니니까, 맨 앞에다가 이 책을 누가 썼는지, 누가 그렸는지 이름을 적어야 알지. 그림책들을 보면 뒤표지에 그림만 있기도 하고 글씨가 써 있기도 하지? 준이가 선물 주는 사람을 직접 못 만나니까 안에 뭐가 들어있는지, 어떤 이야기인지 살짝 알려 주는 거야."

고개를 갸우뚱하지만 아이는 표지의 역할이 무엇인지 어렴풋이 이해한 것 같습니다. 표지 이야기가 끝나면 작업 방식도 정합니다. 그림책을 보면 한 명의 작가가 글과 그림을 모두 담당한 작품도 있고, 글 작가와 그림 작가가 따로따로인 작품도 있습니다. 준이는 자신이 그림을 그리고 이야기도 만들겠다고 합니다.

먼저 주인공을 정해 봅니다. 최근에 『갈매기 택배』라는 그림책을 읽어서인지 새가 등장합니다. 주인공은 엄마 까투리 즉 어미새입니다. 커다란 소리에 놀라 둥지에 알을 두고 날아가 버린 새가 이런저런 모험을 하게 되는 이야기이지요.

페이지마다 장면이 완성되면 아이는 어떤 내용의 그림인지, 다음 페이지에는 어떤 그림이 그려질지 조잘조잘 이야기를 합니다. 이야기한 내용과 전혀 다른 글, 그림이 완성되기도 합니다. 한 시간 가까이 신나게 이야기를 하면 10쪽 내외의 그림책이 완성됩니다. 아이를 억지로 앉혀 책을 만들게 했다면 어른도 아이도 모두 힘든 시간이었을 것입니다. 하지만 그림도 그리며 재미나게 이야기책 만드는 게 즐거운 작업이라는 것을 알게 된 덕분인지 아이는 노래를 흥얼거리며 의자에 엉덩이를 딱 붙인 채 집중합니다. 아이가 만든 이야기, 같이 한번 읽어 볼까요?

표지

제목: 까투리 알은 어디 갔을까요?

1

까투리 마을에 '쿵' 소리가 났어요. 엄마 까투리는 깜짝 놀라 둥지에 알을 두고 날아가 버렸어요. 그 소리는 바로 운석이 떨어지는 소리였어요.

2

하늘로 날던 어미새가 힘이 빠졌어요. 그때 어떤 사람이 원숭이처럼 건너와 어미새 꼬리를 잡았어요. 다행히 어미새는 모래밭에 빠지지 않고 구조되었어요.

3

구조된 어미새는 원숭이와 토끼가 살고 있는 동물원으로 옮겨졌어요. 흙투성이가 된 어미새는 길을 걷다가 마침내 물웅덩이를 발견했어요.

4

물웅덩이에서 몸을 씻은 어미새는 다시 깨끗해졌어요. 배가 고파진 어미새는 먹이를 주워 먹었지요. 다 먹고 나니 노을이 졌어요.

5

노을진 하늘에 비가 내렸어요. 비가 그친 후 길가에 물웅덩이 하나가 생겼어요. 엄마 까투리는 웅덩이에 비친 자기 모습을 보고 힘을 얻었어요. 그동안 알을 잃어버린 슬픔에 빠져 있었거든요.

새로운 생각을 이끌어 내는 그림책 놀이

6

생각에 잠겨 길을 걷던 어미새는 바다에 빠질 뻔했어요. 다행히 앞에 있던 가로등 표지판에서 불빛이 나오고 있었어요. 거기에는 '위험'이라고 쓰여 있었지요. 그래서 어미새는 바다에 빠지지 않았어요.

7

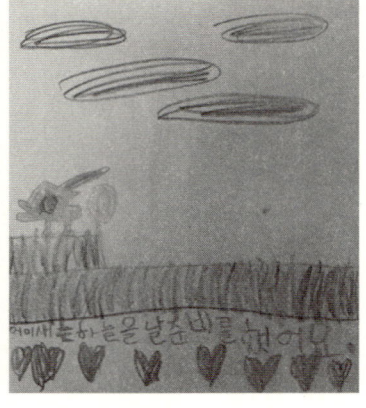

어미새는 하늘을 날 준비를 했어요.

8

하늘을 날던 어미새는 도서관을 발견했어요. 어미새는 도서관 꼭대기에 앉았어요. 계속계속 날다 보니 힘이 빠져 풀밭에 드러누워 잠이 들었어요.

9

엄마 까투리는 다시 고향으로 돌아갔어요. 까투리는 행복하게 살았답니다.

● 생각 나누기

까투리 마을에 운석이 떨어지고 엄마 까투리, 다시 말해 어미새는 동물원으로 옮겨집니다. 갑자기 바다에 빠질 뻔한 어미새는 난데없이 도서관을 발견하기도 하지요. 글의 개연성이 부족하고 인과 관계도 적절하지 않습니다. 하지만 이 과정 속에서 웃음이 끊이질 않습니다.

이야기 만드는 놀이는 창의력을 기를 수 있는 대표적인 활동입니다. 창작자는 캐릭터를 만들고, 그 캐릭터에 서사를 부여하고 결말을 생각해 내지요. 아이는 자기 검열 없이 그 이야기를 신나게 적고 그려 나갑니다. 어른의 역할은 아이가 독특한 생각이나 의견을 자유롭게 말할 수 있도록 편안한 환경을 만들어 주는 것입니다. 앞뒤가 안 맞는 것 같은 생각에도 흥미롭게 반응하고 크게 박수를 쳐 준다면 창작의 불씨는 더 활활 타오릅니다.

다음에 그림책을 만들게 되면 아이는 어떤 인물을, 어떤 에피소드를 창작하게 될까요? 준이 작가의 첫 번째 독자로서 그다음 작품을 기대하고 응원하게 되는 하루입니다.

상자로 미니 농구장 만들기

놀이 시간 | 40분 이상
놀이 종류 | 만들기 놀이
놀이 난이도 | ★★★★★

운동에는 여러 종류가 있습니다. 맨손체조부터 우리 주위에서 흔히 볼 수 있는 축구, 농구, 야구, 쉽게 접하기 어려운 역도, 럭비 등 다양합니다. 그중 농구는 공 하나와 골대 하나로 여럿이 함께하기 좋아 일상에서 쉽게 할 수 있는 운동이지요.

아이도 외할머니에게 농구공을 선물받은 적이 있어 농구에 특히 관심을 보입니다. 하지만 바깥 활동을 하기 어려운 시기에는 농구를 즐기기 쉽지 않지요. 매번 체육관을 방문하는 데에도 한계가 있습니다. 아이의 갈증을 풀어 주기 위해 다양한 캐릭터가 신나게 운동하는 책을 함께 읽고 상자로 미니 농구장을 만들기로 했습니다. 농구 하면 대체로 넓은 코트에서 공을 튀기며 뛰는 모습을 떠올리지만 생각을 전환해 넓은 코트를 좁은 상자 안으로 옮기기로 합니다.

● 그림책 미리 보기

운동이 최고야
이시즈 치히로 글, 야마무라 코지 그림, 엄혜숙 옮김, 천개의바람, 2012

여러 간식들이 체육관에 모입니다. 찹쌀떡은 맨
손체조를 잘하고 힘센 쑥떡은 역도를 잘합니다.
사과파이와 비스킷은 한 팀을 이루어 농구 경기
에서 승리하고 마시멜로와 마들렌은 테니스 경

기를 합니다. 슈크림 대 와플의 럭비 경기는 흥미진진합니다. 다양한 음식들
은 저마다의 기량을 뽐내며 운동 경기에 참여하고, 경기가 끝난 후에는 모두
다시 친한 친구 사이가 됩니다. 몸을 움직이기 싫어하는 아이도 운동의 즐거
움, 건강하게 뛰노는 일의 기쁨을 들여다볼 수 있게 해 줍니다.

● 활동 살펴보기

준비물 | 덮개가 한쪽으로 열리는 상자, 종이컵, 플라스틱 숟가락, 골프공 정도 크기의 플라스틱
공, 나무젓가락, 고무줄, 페트병 뚜껑 두 개

생김새도, 잘하는 것도 서로 다른 간식들이 한데 모여 신나게 땀 흘리는 모습
을 보니 아빠도 농구를 좋아하는 아이와 왁자지껄 경기를 함께하고 싶습니
다. 오늘은 집에서 손가락 하나만으로도 공을 쏘아 골을 넣을 수 있는 농구장
을 만들기로 합니다.

　　　손가락을 활용한 미니 농구를 하려면 농구공이 날아서 들어갈 수 있는
작은 골대가 필요합니다. 작은 농구 골대에 적합한 재료가 눈에 띕니다. 재활
용 쓰레기로 분류될 예정이었던 화장품 상자입니다. 덮개로 열고 닫는 구조

새로운 생각을 이끌어 내는 그림책 놀이　　**127**

라 덮개 안쪽 일정한 높이에 골대를 붙이면 상자를 열었을 때 농구장이 될 수 있습니다. 덮개를 덮으면 상자 모양이 되어 들고 다니기도 좋습니다. 이렇듯 집안 구석구석을 잘 살펴보면 재미있는 놀잇감으로 변신할 수 있는 재료를 찾을 수 있습니다.

바스켓 역할을 하는 재료는 종이컵입니다. 종이컵의 밑부분을 오려 구멍을 냅니다. 구멍은 플라스틱 공보다 더 크게 뚫어야 합니다. 공이 종이컵 농구 골대를 제대로 통과하는지 몇 번 확인한 후에 종이컵을 화장품 상자 덮개 안쪽에 붙입니다. 미니 농구장의 농구 골대가 완성되었습니다.

이제는 공을 골대로 날려 보낼 수 있는 도구가 필요합니다. 사람의 손 역할을 하는 무언가가 있어야 하는 것이지요. 이때 활용할 수 있는 것이 플라스틱 숟가락과 페트병 뚜껑입니다. 플라스틱 숟가락은 탄력이 있어서 오목한 부분에 무언가를 올리고 튕겨 날리기에 좋습니다. 페트병 뚜껑은 플라스틱 숟가락을 마치 지렛대의 받침처럼 상자 바닥에 고정시키기 위해 필요하지요.

왜 플라스틱 숟가락을 바닥에 고정해야 하냐고요? 선수가 공을 던질 때를 생각해 봅시다. 오른손잡이라면 왼손은 오른손이 공을 쏘아 올릴 수 있도록 지지해 주는 역할을 하고 오른손은 뒤로 젖혀졌다가 앞으로 뻗어 나가면서 공을 골대까지 보냅니다. 플라스틱 숟가락이 오른손이 되고 페트병 뚜껑은 왼손 역할을 하는 것입니다.

페트병 뚜껑의 윗면을 화장품 상자 바닥에 고정시키고 뚜껑의 오목한 부분에 숟가락 손잡이 끝을 테이프로 붙입니다. 숟가락 위에 공을 올리고 숟가락을 뒤로 당겼다 놓으면 탄력 때문에 공이 앞으로 날아갑니다. 상자마다 크기가 다르므로 숟가락을 고정하기 전에 공을 먼저 넣어 보며 위치를 가늠해 보세요. 숟가락을 뒤로 힘껏 당길 수 있도록 숟가락과 상자가 맞닿는 부분은 상자를 잘라 홈을 파 줍니다.

덮개를 닫으면 들고 다닐 수 있는 미니 농구장. 페트병 뚜껑에 나무젓가락을 연결해 골대가 뒤로 넘어가지 않게 지지해 주었습니다.

본격적으로 미니 농구를 하기 전에 중요한 단계가 남았습니다. 화장품 상자의 덮개가 뒤로 넘어가는 것을 막아 주는 뒤쪽 고정쇠를 다는 과정입니다. 고정쇠를 만드는 방법은 간단합니다. 구멍 뚫린 페트병 뚜껑에 고무줄을 감고 구멍에 나무젓가락을 연결합니다. 상자 덮개에도 구멍을 뚫어 고정쇠 젓가락의 다른 한쪽을 끼울 수 있도록 합니다. 병뚜껑에 고무줄이 감겨 있어 바닥에서 미끄러지지 않아 상자 덮개를 세운 상태로 유지할 수 있게 되지요. 고무줄은 숟가락의 오목한 부분에도 감아 주세요. 공을 올려놓았을 때 숟가락을 당겨도 공이 미끄러지지 않게 하는 역할을 합니다. 아이는 마찰의 원리를 정확히 모릅니다. 하지만 고무줄을 감으며 그 이유를 물으면 마찰의 개념을 간단하게 설명해 줄 수도 있습니다.

이제 작은 농구장이 완성되었습니다. 아이는 플라스틱 숟가락 위에 공을

새로운 생각을 이끌어 내는 그림책 놀이　　**129**

올려놓고 농구 골대를 향해 공을 날려 보냅니다. 공이 골대에 잘 들어가기 위해서는 플라스틱 숟가락을 적절한 힘으로 잡아당겨야 합니다. 즉, 손가락의 힘 조절이 필요하며 눈으로 골대까지의 거리를 잘 가늠할 수 있어야 많은 공을 골대에 넣을 수 있지요.

"아빠, 골대가 하나만 있으면 골인하기 힘들 것 같아."

아이는 플라스틱 공을 몇 번 날리더니 새로운 아이디어를 냅니다. 야투율을 높이기 위해 농구 골대를 두 개 더 설치했지요.

세 종이컵 골대는 점수가 각각 다릅니다. 가장 높은 곳에 있는 골대에 넣으면 100점, 그리고 양쪽 두 곳에 공을 넣으면 50점이 됩니다. 배점에 차이를 두니 상자 농구 경기가 더 흥미진진해졌지요. 아이는 상자 농구 코트를 들고 유치원에 가서 친구들과 함께 놀 생각에 들뜬 모양입니다. 아이 반에서 울려 퍼질 함성이 벌써부터 상상되는데요?

● 생각 나누기

아이들이 창의력을 발휘하게 하는 중요한 힘이 바로 '동기'입니다. 교육학에서 동기는 목표 지향적 활동이 유발되고 지속되는 과정이라고 이야기합니다. 특히 아이들은 무언가 완성해야 하는 것이 주어졌을 때 집중력과 과제를 해결하려는 의욕이 어른들보다 부족하기에 '동기'가 더욱 필요합니다.

그림책에는 여러 운동이 등장합니다. 이 운동 중에서 아이가 가장 관심을 가진 것이 농구입니다. 외할머니가 사 준 농구공을 골대에 넣어 보았기 때문입니다. 이유는 단순하지만 그 경험이 농구에 대한 관심을 높여 준 것입니다. 이 경험은 오늘 미니 농구장을 만드는 것으로 이어져 아이가 집중할 수 있는 중요한 요인이 되었습니다. 즉, 만들고자 하는 '동기'를 유발한 것이지요.

꼭 그림책을 읽고 하는 놀이가 아니더라도 시중에 나와 있는 다양한 완구나, 전문적인 창의력 관련 교육 프로그램을 이용하고자 한다면 자녀의 관심 분야를 먼저 확인해 주세요. '동기' 없이 억지로 해야 하는 활동이 되지 않도록, 아이가 어떤 분야에 관해 이야기할 때 더 신이 나는지, 유독 시선을 오래 두는 것이 무엇인지 알아가는 시간을 거치면 좋겠습니다.

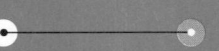

4.
나만의 아름다움을 발견하는
그림책 놀이

심미적 감성 역량

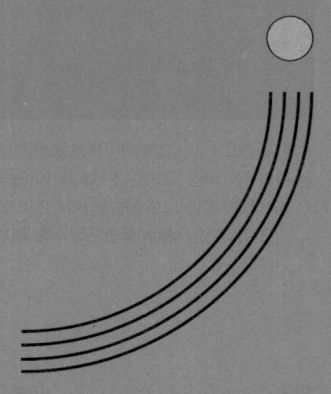

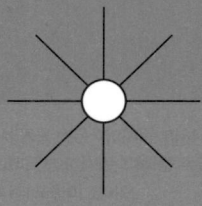

스트링 아트로 에펠탑 만들기

놀이 시간 | 40분 이상
놀이 종류 | 만들기 놀이
놀이 난이도 | ★★★★★

그림책 『북극곰 퐁퐁이 숨어 있는 오르세 미술관』 시리즈에는 프랑스 3대 미술관 중 하나인 오르세 미술관에 전시 중인 작품들이 소개되어 있습니다. 총 세 권으로 이루어진 이 그림책의 세 번째 책은 거대한 에펠탑을 표지로 하고 있지요. 에펠탑을 가까이에서 보니 무수히 많은 쇠들이 서로 얽히고설켜 하나의 구조물을 만들고 있는 것에 놀랐습니다. 집에서도 비슷한 방식으로 에펠탑 만드는 놀이를 할 수 있습니다. 바로 나사못과 실을 이용한 '스트링 아트' 방식입니다.

● 그림책 미리 보기

북극곰 퐁퐁이 숨어 있는 오르세 미술관 3
니콜라 피루 지음, 고정아 옮김, 보림, 2020

오르세 미술관에는 조각가 프랑수아 퐁퐁이 만든 북극곰 조각상이 전시되어 있습니다. 1923년부터 약 10여 년에 걸쳐 제작된 것으로 높이 1.6미터, 길이 2.5미터, 무게는 2톤이 넘는 커다란 작품이지요. 프랑수아 퐁퐁은 파리식물원에 있는 북극곰을 자세히 관찰하며 조각상을 만들었다고 합니다.

북극곰의 실제 크기와 흡사한 이 조각상은 몸집을 줄여 오르세 미술관에 전시된 작품들 안으로 사라집니다. 책장을 넘기면 퐁퐁은 클로드 모네의 그림 안에, 오귀스트 조제프 마뉴의 그림 안에 숨어 있지요. 회화뿐만 아니라 다양한 조각상 작품, 동물원에서 실제 동물을 보며 작품을 만드는 조각가, 그리고 건축 중인 에펠탑 사이에도 숨어 있습니다. 아이들은 회화 예술 속에서, 건축과 조각 예술 속에서 퐁퐁을 찾아야 하지요. 19세기 말 분위기를 보여 주는 사진을 통해 당시 파리의 모습을 조금이나마 짐작할 수 있다는 점도 이 책의 매력입니다. 퐁퐁을 찾으면서 도시의 예술적인 면면을 들여다보는, 아름다운 그림책입니다.

● 활동 살펴보기

준비물 | 에펠탑 스트링 아트 도안, 나무 도마, 테이프, 전동 드라이버, 못, 털실

책장을 넘겨 가며 준이와 아빠는 장면을 하나하나 신중하게 뜯어봅니다. 책

나만의 아름다움을 발견하는 그림책 놀이　　**135**

에 나온 작품 중 아이의 마음을 사로잡는 것이 하나 있습니다. 표지로도 쓰인 에펠탑 사진입니다. 아이는 북극곰 찾는 일은 잠시 잊고 사진 이곳저곳을 보는 데 집중합니다.

"와, 철사가 무지 많이 들어갔네! 그물 같다."

에펠탑은 1889년에 열리는 프랑스 만국 박람회의 개최에 맞춰 완공되었습니다. 건물의 재료로 철을 이용하는 일이 흔하지 않았던 시절, 에펠탑은 프랑스의 철제 건축 기술을 드러내기 위한 구조물이기도 했다고 합니다. 사용된 철근이 약 1만 8,038개이고 철근을 연결하는 부품만 250만여 개가 들어갔다고 하지요.

철근이 얽힌 모양을 쉽게 재현해 볼 수 있는 활동으로 '스트링 아트' 놀이를 떠올렸습니다. 스트링 아트(String Art)는 줄(String) 즉 실을 가지고 하는 예술의 한 형식입니다. 나무판에 못을 박아 마치 스케치로 형태를 잡듯 실을 감을 윤곽을 만들고 그 못들을 실로 이어 안쪽을 채우는 것이라고 이해하면 될 것 같습니다.

먼저 인터넷에서 '스트링 아트 에펠탑 도안'을 검색합니다. 아이와 함께 하는 활동이므로 크게 복잡하지 않은 도안을 선택해 출력합니다. 도안을 보고 따라 그려도 좋습니다. 스트링 아트를 목적으로 그려진 도안은 복잡한 구조를 생략하고 외관을 간략하게 표현한 것이 많아 직접 그리기도 크게 어렵지 않을 것입니다. 도안에는 못 자리가 표시되어 있어 나무판에 붙이고 그 위로 못을 박은 후 찢어 버릴 것이므로 이면지를 활용하면 좋습니다.

못이 고정될 원목판은 인터넷에서 다양한 두께로 구매할 수 있습니다. 이번 활동에서는 다이소에서 구매한 3,000원짜리 나무 도마를 활용했습니다. 이 위에 에펠탑 도안을 올리고 종이와 도마를 테이프로 고정합니다. 그다음 전동 드라이버를 이용해 나사못을 도안의 점 위치에 맞춰 박습니다.

하루 30분 그림책 놀이

전동 드라이버를 사용할 때에는 나사못을 잘 잡고 나무 도마와 직각으로 강하게 눌러 주어야 합니다. 어린 아이에게는 이 활동이 위험하기도 하고 아이는 힘이 부족해 나사못이 비스듬하게 박히기도 하지요. 어른이 나사못을 어느 정도 박아 놓고 못을 살짝 깊이 있게 넣는 작

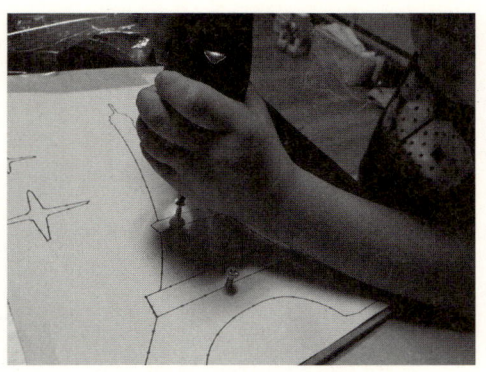

못 자리가 표시되어 있는 부분을 따라 못을 박아 줍니다.

업만 아이에게 맡기면 좋습니다. 도마와 드라이버를 힘주어 잡지 않아도 되고 전동 드라이버를 오래 작동할 필요도 없어 어른이 손을 잡아 준다면 무리 없이 할 수 있습니다. 이때 못 높이를 일정하게 하면 실도 일정한 높이로 감을 수 있고 전체적으로 봤을 때 못이 기울거나 튀어나온 부분이 없어 더 완성도 있는 작품이 됩니다.

하나, 둘, 어느새 약 50여 개의 나사못이 도안 위에 고정되었습니다. 이제는 나무 도마 위에 붙어 있는 에펠탑 도안을 모두 제거합니다.

학교에서 5학년 학생들과 수학 시간에 '규칙 따라 도형에 선분 긋기' 활동, 실과 시간에 '실로 일정한 형태 만들기' 활동을 하면서 스트링 아트를 해본 적이 있습니다. 스트링 아트가 직선을 이어 형태를 만드는 기법임을 생각하며 일단 안쪽을 먼저 채우고 마지막으로 윤곽선을 만들어 주었지요. 아이와도 같은 순서로 놀이를 했지만 스트링 아트가 어떤 작업인지 체험하는 데에 의미를 두고 자유롭게 털실을 감아도 좋습니다.

첫 나사못에 고정하는 털실은 풀리지 않도록 강하게 매어 줍니다. 그리

털실을 당겨 가며 자유롭게 이어 주면 실로 만든 에펠탑 완성!

고 힘을 주어 당겨 가며 털실을 다음 나사못으로 이어 줍니다. 실을 감는 과정
은 어렵지 않아 어른이 몇 번 시범을 보이면 아이도 재미있게 따라합니다.

시간이 흐를수록 털실을 잡아당기는 아이의 힘이 약해집니다. 생각처럼
팽팽하게 이어지지 않지요. 이럴 때는 어른이 중간중간 아이를 도와서 털실
이 팽팽해질 수 있도록 함께 당겨 주면 됩니다.

● 생각 나누기

아이는 오랜 시간 집중하며 털실로 에펠탑 형상을 만들었습니다. 털실을 팽
팽하게 잡아당기느라 손가락은 아프지만 이 시간을 통해 완성품을 하나 만드
는 과정이 쉽지 않음을 알 수 있었을 겁니다.

에펠탑은 처음 제작되었을 때에 '흉물스러운 철골 구조물'이라며 많은
비판을 받았습니다. 하지만 오늘날 한 도시의 상징으로 세계인의 주목을 받
게 된 데에는 철근을 하나하나 공들여 올린 당시의 선구적인 노력이 비로소
의미 있게 해석된 덕분 아닐까요?

아이도 오늘 놀이를 통해 하나의 완성품을 만드는 일의 고생스러움을
조금이나마 알게 되었을지 모릅니다. 아이가 완성한 에펠탑은 지금까지도 아
이의 작품을 걸어 두는 공간에 놓여 있습니다. 파리 한가운데에서 꾸준히 사
랑받는 에펠탑처럼 아이도 멋진 작품을 만든 기억을 오랫동안 간직해 주면
좋겠습니다.

나도 해바라기!

놀이 시간 | 40분 이상
놀이 종류 | 만들기 놀이
놀이 난이도 | ★★★☆☆

꽃은 우리에게 즐거움을 줍니다. 많은 사람들이 기쁜 날, 행복한 날에는 꽃을
준비해서 선물로 주고받지요. 어린이집이나 유치원, 학교에서는 종종 커다란
꽃 한가운데에 아이들 사진을 동그랗게 잘라 붙이는 놀이를 하기도 합니다.
꽃 중심에 얼굴을 붙여 장식하기도 하지만 꽃 가면을 만들어 직접 써 보기도
합니다. 제가 근무했던 초등학교에서는 동료 선생님들이 해바라기 가면을
만들어 역할놀이 수업을 하기도 했지요. 어버이날에는 해바라기 가면을 쓴
아이들이 감사의 영상 편지를 남기기도 했습니다.
반 고흐에 관한 그림책을 읽고 이 해바라기 가면을 만들기로 합니다.
아이가 앞으로 종종 쓰게 될 재미난 도구이기도 하고 만들기도 크게
어렵지 않습니다. 그전에, 책장을 넘겨 세계적인 화가의 대표작들을
들여다봐야겠지요?

● 그림책 미리 보기

New 첫 명화 그림책: 반 고흐 Van Gogh
애플비 편집부 엮음, 애플비, 2012

고흐가 그린 여러 그림들을 쉽고 재미있는 설명
과 함께 보여 주는 그림책입니다. <해바라기>
<별이 빛나는 밤> <아를의 침실> <아를 포룸 광
장의 카페 테라스> 등 대표작들을 담았습니다.
명화 감상이 아직은 어색한 아이들에게 리듬감

있는 문장으로 재미를 주고 쉽게 설명된 정보를 곁들이며 작품의 매력을 전달
하는 책입니다.

● 활동 살펴보기

준비물 | 재활용 상자나 카드보드지, 색지, 가위, 칼, 풀

준이는 꽃을 좋아해서 길을 지나가다 꽃을 보면 관찰하고 냄새를 맡아 보기도
합니다. 그래서인지 고흐의 해바라기 그림에 시선이 오래 머물렀습니다. 다른
교육 기관에서는 고흐의 해바라기와 관련한 활동으로 원작의 윤곽선을 따서
나만의 색감으로 해바라기를 칠해 보거나, 원작과 비슷한 구도로 해바라기를
그려 보는 것을 주로 합니다. 하지만 오늘은 꽃을 2차원의 평면에 놓기보다는
오리고 붙여 손안으로 가져와 보겠습니다. 재활용 상자를 활용해서 해바라기
모양의 가면을 만들고 써 보는 놀이를 준비했지요.
먼저, 아이 얼굴보다 조금 더 큰 재활용 상자를 준비합니다. 박스지라고
불리는 별도의 카드보드지를 구입해서 활용할 수도 있습니다.

나만의 아름다움을 발견하는 그림책 놀이　**141**

재활용 상자의 한 면을 잘라 아이 얼굴이 들어갈 크기만큼 동그란 원을 그리고 원을 잘라 들어냅니다. 처음부터 원을 너무 크게 만들면 아이 얼굴이 고정되지 않으므로 이 단계에서는 관자놀이와 관자놀이 사이, 이마와 턱 길이를 기준으로 삼아 대략적으로 오려 둡니다. 완성 후에 가면을 써 보면서 동그라미를 조금씩 넓히면 좋습니다. 완성된 가면이 아이 얼굴보다 지나치게 클 때를 대비해 처음부터 두 개를 만들어 두어도 좋습니다.

이제 꽃잎을 만들어 테두리에 붙여 줄 차례입니다. 색종이나 A4용지를 활용할 수도 있고 색지를 사용할 수도 있습니다. 타원 모양으로 만들어도 재미있지만 별, 세모, 네모 등 다양한 도형들을 섞어 꽃잎 모양으로 배치해도 특별할 것 같습니다.

오늘은 타원 꽃잎을 만들기로 합니다. 테두리에 꽃잎을 겹쳐 가며 붙이기 때문에 한 장 한 장 완벽한 타원을 만들려고 애쓰지 않아도 됩니다. 크기와 모양이 조금씩 다른 큰 잎, 작은 잎들이 서로 섞여 있으면서 더 멋진 해바라기 모양이 됩니다.

고흐의 해바라기 그림 속 꽃잎은 샛노란 빛깔, 어두운 노란색, 주황에 가까운 색 등 다양한 색으로 칠해져 있습니다. 준이는 밝은 상아색과 분홍색 색지를 선택했습니다. 해바라기 색감은 아니지만 아이의 선택을 존중하기 위해 분홍색 꽃잎도 함께 붙이기로 합니다. 해바라

직접 만든 해바라기 가면을 쓴 준이.

기처럼 노란 계열로 꾸민다면 원색에 가까운 노란색, 개나리색, 흰색이 많이 섞인 노랑, 주황색에 가까운 노랑 등 다양한 색을 선택해 보세요. 하나의 색 계열에 여러 빛깔이 있다는 것을 알 수 있고 가면도 더 다채로워집니다.

이제 어른의 역할이 필요한 단계가 남았습니다. 아이의 얼굴을 가면 가운데 구멍에 쏙 집어넣어 보면서 조금씩 자르고, 또 써 보고, 자르는 과정을 반복하며 가면이 아이 머리에 꼭 맞게 크기를 맞춰 줍니다.

● 생각 나누기

초등학교 미술 수업의 성취 기준 중에는 '자연물과 인공물을 탐색하는 데 다양한 감각 활용하기'와 '대상을 관찰해 주제 탐색하기'가 있습니다. 꽃의 형태를 따라 그리고, 색을 고르고, 오리고 붙이는 단순한 놀이이지만 꽃이라는 자연물을 관찰하고, 감각을 움직여 만들어 보는 예술적인 활동을 조금이나마 경험한 시간이었지요.

고흐는 화가 고갱과 함께 살게 되면서 아틀리에를 장식하기 위해 해바라기 그림을 그렸다고 합니다. 형편이 넉넉하지 않아 살림도 간신히 마련했지만 자신의 주위를 가꾸는 일에도 정성을 쏟은 것입니다. 자연을 들여다본다는 것은 바로 그런 의미가 아닐까요? 우리가 때때로 꽃다발을 주고받고, 길가에 피어 있는 꽃과 풀을 눈에 담는 이유는 생활 속으로 자연물을 불러와 일상을 더 풍요롭게 만들기 위함일지도 모르겠습니다.

나만의 아름다움을 발견하는 그림책 놀이

우리 반 친구들 색칠하기

놀이 시간 | 30분
놀이 종류 | 그리기 놀이
놀이 난이도 | ★☆☆☆☆

개성 다른 아이들이 어우러져 생활하는 곳, 바로 교실입니다. 어떤 아이는
목소리가 크고 활달하고, 어떤 아이는 혼자 조용히 책 읽기를 즐깁니다.
안경을 쓴 아이와 쓰지 않은 아이, 앞머리를 내린 아이와 그렇지 않은 아이
등 겉모습도 저마다 다릅니다. 아이들의 성격과 성향은 제각각이지만 존재
자체만으로도 소중하고 아름다운 사람들이라는 하나의 사실은 변함없지요.
아이를 양육하는 입장에서 우리 아이가 어떤 친구들과 생활하는지 궁금한
것은 당연한 일입니다. 준이는 어떤 친구들과 시간을 함께 보내고 있을까요?
재미있는 색칠놀이를 통해 준이네 반으로 놀러가 보겠습니다.

● 그림책 미리 보기

우리 반
김성범 글, 이수희 그림, 계수나무, 2019

길쭉한 꽃, 빨간 꽃, 파란 꽃, 뚱뚱한 꽃, 혼자 피는 꽃, 함께 피는 꽃, 저마다 모습은 다르지만 모두 소중한 꽃입니다. 우리 아이들도 마찬가지입니다. 한 명 한 명이 다르기에 더욱 소중합니다.

작가가 예비 교사들에게 강연을 하며 들려준 '선생님들에게 들려주고 싶은 당부의 말'에 그림을 덧붙였지요. 그림책을 읽으면서 우리 반 친구들의 다름을 알고 각자의 가치를 소중히 여길 수 있게 됩니다.

● 활동 살펴보기

준비물 | A4용지, 아이 사진, '포토스케이프 X' 등 이미지 편집 프로그램, 색연필

이 그림책을 보면 '그림 예쁘다'는 말이 절로 나옵니다. 생생한 표정, 맑은 색감, 섬세한 표현이 두드러진 그림을 보고 있자면 마음이 편안하고 밝아지는 느낌이 듭니다. 글밥은 많지 않은 편입니다. 화려한 미사여구가 돋보이는 문장은 아니지만 간결한 문장과 소박한 그림이 어우러져 깊은 여운과 감동을 안겨 줍니다. 특히 뒤쪽에 등장하는 아이들의 단체 사진 같은 그림은 우리가 이렇게 다양한 사람들과 관계를 맺으며 살아왔다는 사실을 다시 한번 생각하게 해 마음이 뭉클해지기도 합니다.

책장을 천천히 넘기다 보니 준이네 반 아이들이 궁금해집니다. 친구들과는 잘 어울리는지, 싸운 적은 없는지, 사이가 좋지 않은 친구는 없는지, 알고

나만의 아름다움을 발견하는 그림책 놀이

싶은 이야기가 많습니다. 아이를 가정이라는 둥지에서 '배움터'라는 작은 사회로 보내야 하는 어른의 마음이 이렇겠지요.

아이는 지금 초등학생이지만 이때는 유치원에 다니던 시기였습니다. 유치원 홈페이지에서 단체 사진을 찾았지요. 이 사진을 이용해 간단한 색칠놀이를 준비합니다.

사진을 색칠놀이 도안으로 바꾸려면 이미지 편집 프로그램을 이용해야 합니다. 포토샵 같은 전문 프로그램을 쓸 수 있다면 좋지만 인터넷에서 쉽게 받을 수 있는 무료 프로그램도 있습니다. 이 중 '포토스케이프 X'는 윈도우나 맥 컴퓨터에서 모두 쓸 수 있습니다. 기본 기능만 잘 사용해도 쉽고 간편하게 사진을 수정할 수 있는 프로그램이지요.

먼저, 포토스케이프 X를 열고 사진을 불러옵니다. '편집'을 클릭해 '무채화' 아이콘을 클릭하면 사진이 어둡게 변합니다. 효과에서 '색연필화'를 클릭하면 색깔을 입힐 수 있는 흑백 그림이 완성됩니다. 색칠놀이 도안이 된 것이지요.

준이는 한 친구 한 친구, 예쁘게 색을 칠하면서 그 친구의 이름이 뭔지, 함께 무얼 하고 놀았는지, 그 아이는 무엇을 좋아하는지 이야기해 줍니다. 겉모습만큼이나 개성이 다른 아이들이 준이와 함께 좌충우돌하며 성장하고 있었습니다. 아이와 등하원을 함께할 때 잠깐 스쳐 지나갔던 친구의 이름도 알게 되었습니다. 아이의 유치원 생활도 살짝 엿볼 수 있었습니다. 친구들을 한 명 한 명 색칠하다 보면 아이가 먼저 '얘는 누구야.' 하고 말꼬를 터 주기도 합니다.

"준이는 유치원에서 친구들이랑 노는 게 즐거워?"

"응. 재미있어. ○○랑 □□랑 놀면 재밌어. 어제는 △△랑 같이 곤충도 그렸어."

포토스케이프 X 실행 화면. 1로 강조한 곳이 '편집' 아이콘이고 2로 강조한 이미지가 '무채화' 아이콘입니다.

3 위치에 있는 '효과'를 눌러, 4로 강조한 '색연필화'를 적용합니다.

'오늘 어떻게 지냈어?' '친구들이랑 뭐 하고 놀았어?' 같은 질문도 담백하게 던질 수 있습니다. 아이가 집 밖에서 어떤 시간을 보냈는지 물어보는 게 뭐 어려울까 싶지만 사실 부모의 성향에 따라 누군가에게는 '쉽게 꺼낼 수 있는' 질문이 누군가에게는 '쑥스러운' 질문이 되기도 하는 법이니까요.

아이에게 질문하는 일이 어색하다면 '이 친구 셔츠는 왜 그 색으로 칠했

나만의 아름다움을 발견하는 그림책 놀이   **147**

포토스케이프 X로 사진을 변환해 만든 색칠놀이 도안. 시중에 나와 있는 도안보다 질감이 거칠지만 친구들이 등장하니 더 의미가 있습니다.

어?'라는 등 그림에 집중하는 질문을 먼저 던져 보세요. 흰 공간이 점점 채워질수록 대화의 배도 점점 넓은 바다로 나아가게 되지 않을까요?

● 생각 나누기

색칠놀이는 연령에 관계없이 아이들의 미적 감각을 길러 주는, 손쉽게 할 수 있는 활동입니다. 아이들은 색연필을 사용하는 과정에서 소근육을 기를 수 있으며 다양한 색을 활용하기 때문에 색채 감각도 키울 수 있습니다. 또한 여러 명의 옷차림, 머리색 등을 자유롭게 꾸며 보면 심미적인 감성, 창의적인 표현력을 기르는 데 도움이 되지요.

아이들의 연령에 맞는 색칠놀이 책을 쉽게 구매할 수 있지만 아이가 7~8세 정도가 되면 어린이집이나 유치원에서 찍은 단체 사진을 활용해 보세요. 미술놀이를 하면서 자연스럽게 아이의 생활을 들여다보는 시간이 만들어집니다. 아이가 색을 입히는 동안 그림을 함께 보거나 같이 색을 칠하면서 아이 친구들의 이름과 얼굴을 익힐 수도 있습니다. 아이의 미적 감각을 발달시키는 활동이자 동시에 부모의 관심을 표현하는 활동인 것이지요.

가족 얼굴 그리기

놀이 시간 | 40분 이상
놀이 종류 | 그리기 놀이
놀이 난이도 | ★★☆☆☆

함께 사는 가족의 얼굴을 자세히 들여다본 적이 언제인지 기억하나요?
아침에 눈을 떠 하루를 시작할 준비를 하고 그다음에는 일터나 배움터로
향하고, 일과를 마치고 돌아와 또 정신없이 잠들고…… 쳇바퀴 같은
생활 속에서 가까운 사람에게 시선을 두는 일은 점점 줄어드는 듯합니다.
유치원이나 학교에서 종종 '가족 얼굴 그리기' 숙제를 내주는 이유는 여기에
있지 않을까요?
준이가 아빠 얼굴을 그린다면 어떤 초상화가 탄생할까요? 아이 눈에 담긴
아빠는 어떤 모습일까요? 또, 아빠가 아이를 그린다면 어떤 그림이 나오게
될까요?

● 그림책 미리 보기

아빠 얼굴
황K 지음, 이야기꽃, 2017

파랑이는 선생님이 내준 '아빠 얼굴 그리기' 숙제를 하기 위해 아빠를 자세히 관찰합니다. 아빠의 빽빽한 눈썹을 그리며 눈썹이 머리카락처럼 길게 자라는 모습을 상상하기도 하고 수염을 그리며 산신령 수염, 해적 수염, 산타 수염을 생각하기도 합니다. 재미난 상상을 하며 열심히 아빠를 그렸는데, 어딘가 이상합니다. 아무리 봐도 아빠 같지 않지요. 아빠 얼굴 중 빠뜨린 부분이 있거든요. 우리가 흔히 '콤플렉스'라고 생각하는 것들입니다. 하지만 파랑이는 아빠의 진짜 모습을 담기 위해 빠뜨린 부분을 고스란히 채워 넣습니다. 이 책은 '진짜 사랑하는 것은 상대방을 있는 그대로 사랑하는 것'이라는 중요한 사실을 말해 줍니다.

● 활동 살펴보기

준비물 | A4용지나 스케치북, 연필

『아빠 얼굴』에는 아이가 얼굴 묘사하는 과정이 아주 재미나게 그려져 있지요. 이 책을 읽은 아이들이 '얼굴 그리기'를 한다는 후기도 종종 듣게 됩니다. 준이와도 이 놀이를 같이 할 예정입니다. 아이만 화가로 나서는 게 아니라 아빠도 화가가 되어 서로의 얼굴을 그려 주기로 합니다.

주인공 파랑이는 아빠 얼굴을 그리며 작은 부분도 자세히 들여다봅니다. 눈썹은 삐뚤빼뚤한지 가지런한지 생각하고, 쉴 때 수염이 듬성듬성 난다는 것도 떠올립니다. 동그라미 안에 눈, 코, 입을 그저 그려 넣기만 한다고 해서 상대방의 모습이 되는 것은 아니니까요. 한참을 주의 깊게 쳐다보기도 하고 또 곰곰 생각해 봐야 중요한 특징을 찾을 수 있습니다.

준이도 아빠 얼굴을 그리기 시작합니다. 아이가 아빠 얼굴과 도화지를 번갈아 쳐다보니 꽤 오랜 시간 눈을 마주치게 됩니다.

어느덧 준이가 그린 아빠의 얼굴이 완성되었습니다. 잘 정리되지 않은 머리카락, 굵은 눈썹, 동그란 안경 등 특징을 잘 살렸습니다. 특히, 아침에 면도를 했지만 저녁이 되어 다시 자란 수염을 실감나게 그린 부분이 재미있습니다. 작은 눈을 크게 그린 부분도 눈에 띕니다.

그림이 완성되면 아이와 할 이야기가 많습니다. 이 부분은 왜 이렇게 그렸는지, 정말 여기에 점이 있는지, 그림과 실제 모습은 닮았는지, 조잘조잘 이야기를 나눕니다. 많은 말이 오가지 않아도 아이가 나를 구석구석 바라봐 주었다는 사실에 뿌듯하기도 합니다.

이제 아빠가 그릴 차례입니다. 그림 그릴 때를 생각하면 선 하나 긋는 일도 망설였던 경험이 누구에게나 있을 것입니다. 특히 어른은 '이런 그림이 잘 그린 그

준이가 그린 아빠 얼굴. 솟구친 머리, 굵은 눈썹 표현이 재미있습니다.

림이다' '이렇게 그리면 칭찬받는다'는 관념을 습득했기 때문에 쉽사리 펜을 움직이지 못할 때가 많지요. 하지만 오늘만큼은 그 무거운 마음을 잠시 내려놓기로 합니다. 잘 그린 그림으로 보이면 잘 그린 대로 뿌듯할 것이고, 설령 못 그린 그림으로 보이면 또 어떻습니까. 그 안에서도 매력을 찾을 수 있고, 또 상대방을 웃게 그렸다고 장난도 치며 재미있는 시간을 보낼 수 있을 테니까요.

아이를 자세히 보니 쌍꺼풀이 있고, 입술은 살짝 올라가 있네요. 그동안은 알아채지 못한 부분입니다. 아이가 아빠를 바라봐 준 것처럼 아빠도 열심히 관찰하며 그림에 담습니다.

"아빠가 그린 준이 얼굴 어때?"

"우아! 진짜 나랑 닮았어! 아빠 그림 잘 그리네!"

어딘가 밋밋해 보이지만 아이에게 폭풍 칭찬을 받으니 어깨가 으쓱해집니다. 우리가 아이에게 무조건적인 격려와 칭찬을 보내고 싶은 것처럼 아이도 우리를 그렇게 생각해 주고 있지 않을까요? 아빠의 그림에 '엄지 척'과 '짱'을 남겨 주는 아이의 모습을, 아마 아이가 어른이 된 후에도 두고두고 이야기하게 될 것만 같습니다.

● 생각 나누기

예술에 관해 이야기할 때 '신은 디테일에 있다.'라는 말을 인용하는 경우가 있습니다. 누가 한 말인지 분명하지 않지만 『보바리 부인』을 쓴 귀스타브 플로베르가 했다는 설도 있고, 19세기 말~20세기 초에 활동한 독일 미술사가인 아비 바르부르크의 말이라는 설도 있습니다. 누가 처음 한 말이든 '세세한 부분을 챙기는 일의 중요성'은 한 세기 전에도 무척 강조되었던 것 같습니다.

파랑이가 아빠 얼굴을 그리며 작은 부분들을 세세하게 관찰했듯, 준이와 아빠도 얼굴의 여러 '디테일'에 주목했습니다. 숨은 디테일이 살아나니, 솜씨 없는 화가들의 그림도 그런 대로 나름 완성도를 갖춘 듯 느껴집니다.

작품에 디테일을 담아내는 법 중 하나가 바로 '열심히 들여다보는' 것입니다. 학교에서는 아이들과 서로의 얼굴을 바라본 후 그림을 그리는 활동을 하는데, 많은 아이들이 상대방을 쳐다보는 짧은 시간을 견디기 어려워합니다. 얼굴은 앞을 향해 있으면서도 시선은 다른 곳에 두기도 하고 웃음이 터져 고개를 돌리기도 하지요. 오글거린다며 쑥스러워하던 아이들도 소감을 나눌 때에는 친구의 몰랐던 모습을 알 수 있어서 좋았다는 이야기를 전해 줍니다. 상대방을 물끄러미 바라본다는 것은 그만큼 어려운 과정이지만 특별한 아름다움을 발견하는 시간인 것입니다. 이 연습을 가족들과 먼저 같이 해 보면 어떨까요? 가족이야말로 가장 '익숙한' 존재이면서 동시에 우리를 '특별하게' 해 주는 사람들이니까요.

다양한 시점으로 그리기

놀이 시간 | 20분
놀이 종류 | 그리기 놀이
놀이 난이도 | ★☆☆☆☆

그림책 『위를 봐요!』는 독특한 시점으로 화면을 구성하고 있습니다. 화면은
크게 거리의 모습, 고층 집 베란다에서 그 거리를 내려다보는 아이의
모습으로 분할되어 있지요. 난간에 턱을 괴고 아래를 보는 아이를 거리 위
사람들이 고개를 들고 바라보는 구도가 동시에 등장합니다. 거리로 내려갈 수
없는 아이. 아이는 거리를 향해 '위를 봐요!'라고 외칩니다. 아이의 이야기에
사람들은 어떤 반응을 보였을까요? 만약 우리가 거리를 걷다가 그 외침을
들었다면, 우리는 어떻게 반응했을까요?

나만의 아름다움을 발견하는 그림책 놀이

● 그림책 미리 보기

위를 봐요!
정진호 지음, 현암주니어, 2014

수지는 가족 여행 중에 사고로 다리를 잃습니다. 고층에 있는 집 베란다에서 아래를 내려다보는 수지. 검정 머리만 보이는 사람들의 개미 같은 행렬, 우산만 움직이는 비 오는 날의 풍경을 눈에 담으며 수지는 어떤 마음이었을까요?

아무 말 없이 아래를 내려다보는 수지는 누군가 위를 봐 주길 바랍니다. 장면이 전환되고, 길을 가던 한 아이가 고개를 들어 수지를 바라봅니다. 한 명, 두 명, 길을 가던 사람들이 발걸음을 멈춰 모두 위를 바라보고, 수지는 그제야 미소를 띱니다.

● 활동 살펴보기

준비물 | 색연필, A4용지나 도화지

아이와 함께 걸을 때 가끔 하늘을 바라봅니다. 떠 있는 구름, 날아다니는 비행기, 밤하늘의 달, 반짝반짝 빛나는 별이 모두 아이의 이야깃거리가 됩니다. 참 소중한 시간이지만 혼자 바쁘게 걸을 때에는 이 작은 여유를 챙기기 쉽지 않습니다.

『위를 봐요!』에서도 사람들은 앞만 보거나 밑을 바라보며 바쁘게 걷습니다. 그러다 한두 명씩 위를 바라보지요. 도로에 있는 사람들은 '아래에서 위로 올려다보는' 새로운 시점을 발견한 것입니다. 수지는 고층 건물에서, 걸어 다니는 사람들과 다른 시점으로 길을 바라봅니다. 서로 다른 두 시점이 만나는 순간, 우리는 비로소 수지의 마음에 더 깊이 공감하게 됩니다.

"준아, 우리 다양한 눈높이에서 바라보는 그림을 그려 볼까?"

"'눈높이'가 뭐야?"

아빠는 장난감 자동차 하나를 가지고 옵니다. 그리고 아이가 장난감 자동차를 위에서, 밑에서, 옆에서 볼 수 있도록 위치를 바꾸어 줍니다.

아이는 '다 다르게 보이네!'라며 신기한 듯 자동차를 이곳저곳 바라봅니다. '새로운 시점'은 아이의 흥미를 유발하는 좋은 소재가 됩니다. 이렇게 다른 눈높이에서 건져 올린 모습을 직접 그려 보기로 합니다.

눈높이를 다르게 해 그리는 첫 번째 대상은 바로 거실에 있는 거북이입니다. 어항은 준이 눈높이보다 조금 낮은 곳에 있어서 준이는 매번 어항을 내려다보았을 것입니다. 이 어항을 물 높이에 맞춰 옆에서, 그리고 뒤에서 바라보고 거북이를 그립니다.

분명 다른 시점에서 바라본 그림인데 아빠 눈에는 비슷한 것 같습니다. 아이는 옆에서 본 거북이를 '거북이의 가로 모습'으로, 앞에서 본 그림을 '머리가 종이의 아랫부분으로 온, 거북이의 세로 모습'으로 표현했거든요.

시점을 철저하게 따진다면 옆에서 본 거북이는 다리가 나란히 두 개만 보이는 몸의 옆쪽 부분이어야 하겠지요. 거북이를 앞에서 본다면 얼굴을 정면으로 그리고, 뒤에서 보는 시점이라면 머리와 앞다리가 표현되지 않고 거북이 엉덩이와 뒷다리만 그려져야 합니다. 준이는 거북이를 다른 시점에서 바라본 모습을 그릴 때 '위치만 바꿔' 표현했지요. 시점과 구도라는 개념이 아이 눈높이에서는 아직 어렵게 느껴지나 봅니다. 아이는 '시점'을 '그림의 방향'이라는 개념으로 이해했던 것 같습니다.

나만의 아름다움을 발견하는 그림책 놀이

거북이를 다른 시점에서 바라본 그림. 시점에 관해 혼동한 것 같기도 합니다.

"아빠랑 여기서 다시 한번 볼까?"

"이상하다. 거북이 머리랑 등딱지만 보이네."

아빠는 아이와 실제 눈높이에서 거북이를 함께 바라보며 이야기를 나눕니다. 아이는 스스로 자신이 그린 그림에서 무엇이 잘못됐는지 찾아갑니다.

두 번째 대상은 바로 스투키 화분입니다. 어른은 화분에 물을 주며 위에서 직각으로 내려다볼 때가 있지만 아이는 별 생각 없이 스쳐 지나가는 사물이지요.

고개를 한껏 기울여 본 스투키는 우리에게 익숙한 '삐죽삐죽 길게 솟은 식물' 형태가 아닙니다. 기다란 길이는 한껏 짧아져 보이고 화분 안에 놓인 요소가 더 잘 보이겠지요. 화분의 길쭉한 형태도 보이지 않게 됩니다. 준이는 이

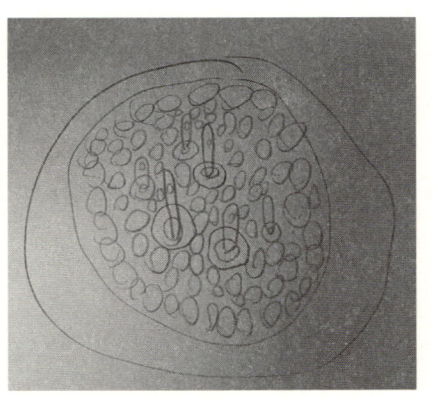

스투키 화분을 위에서 바라보고 그린 그림.

번엔 이 특징을 정확히 파악하고 둥근 화분을 그린 다음 스투키와 자갈들을
그려 넣습니다.

● 생각 나누기

그림 그리기에 관해 배울 때 빠질 수 없는 이야기가 바로 '시점'입니다. 대상
을 어떤 시점으로 바라보느냐에 따라 전혀 다른 그림이 되지요. 한 화폭에 하
나의 시점이 담기기도 하지만 한 그림에 여러 시점이 담긴 입체적인 그림도
있습니다. 화가는 '우연히 비친' 시점을 그려 내는 것이 아니라 자기의 관점을
드러내기 위해 시점을 '선택하고 계산해서' 화면에 녹여 냅니다.

『위를 봐요!』를 쓰고 그린 정진호 작가는 두 살 때 손에 큰 화상을 입어
약 10년 동안 피부 이식 수술을 했다고 합니다. 각자가 처한 상황, 겉모습이
다르다고 해도 모두 어울려 살아갈 수 있다는 것이 이 작품으로 전하고자 했
던 이야기 아닐까요? 혼자서는 아래로 내려갈 수 없는 수지와 그런 수지를 올
려다보는 거리 위의 사람들, 수지와 사람들의 시선이 마주치는 그 순간까지,
모두 동시에 포착할 수 있는 장면들이 작가의 메시지를 대변하는 듯합니다.

나만의 아름다움을 발견하는 그림책 놀이

더불어 살아가는 마음을 키워 주는
그림책 놀이

의사 소통 · 공동체 역량

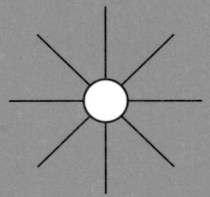
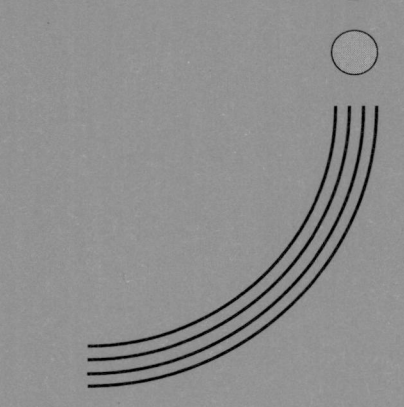

독재자와 좋은 대통령 비교하기

놀이 시간 | 30분
놀이 종류 | 언어 놀이
놀이 난이도 | ★★☆☆☆

인권, 평화, 다양성 존중 등 '세계 시민 의식'으로 일컬어지는 가치관은 교육 현장에서도 중요한 화두입니다. 하지만 몇 차시의 수업만으로는 아이들이 이 가치관을 온전히 체득하기 어렵습니다. 어떤 말과 행동이 혐오와 차별을 불러오는지 세세하게 알 수 없다는 한계도 있지요. 아직 학교에 들어가지 않은 아이, 초등학교 저학년 아이들과 세계 시민 의식에 관해 이야기하기는 더 난감합니다. 그럴 때 문학, 특히 그림책은 좋은 자료가 되어 줍니다. 『독재란 이런 거예요』는 독재자가 어떤 방식으로 나라를 통치하는지 준이의 눈높이에 맞게 보여 주고 있습니다. 독재자는 어떤 행동을 하는 사람일까요?

● 그림책 미리 보기

독재란 이런 거예요
플란텔 팀 글, 미켈 카살 그림, 김정하 옮김, 풀빛, 2017

이 그림책은 독재자가 지도자의 자리에서 무엇을 하는지 말해 줍니다. 독재자는 명령하는 사람이고 자신과 다른 생각을 하는 사람에게 부당한 대우를 합니다. 하지만 자기편에게는 관대하지요. 그렇다고 독재가 영원한 것은 아닙니다. 독재가 막을 내리면 '자유'라는 새로운 역사가 시작되지요. 이 그림책은 모두가 행복한 사회를 만들기 위해 아이들이 꼭 알아야 하는, 독재와 독재자의 개념을 다루고 있습니다. 무겁고 어려울 수 있는 주제를 아이들의 눈높이에서 직관적으로 보여 주는 그림책이라 할 수 있습니다.

● 활동 살펴보기

준비물 | A4용지나 도화지, 연필, 사인펜, 포스트잇(두 가지 색)

그림책에는 '독재', '자유' 등의 단어가 자주 등장합니다. 초등학교 입학 전, 초등학교 저학년 아이들이 이 단어의 의미를 국어사전식 풀이만으로 온전히 이해하기는 어렵습니다. 아이의 눈높이에 맞게 몇 개의 문장으로 명확하게 짚어내기도 어른에게는 상당히 어려운 일입니다. 그럴 때 그림책을 활용하면 아이들은 추상적인 개념을 조금이라도 구체적으로 그릴 수 있게 됩니다.

"아빠, 독재자는 정말 나빠. 자기 하고 싶은 대로 하면서 다른 사람들은 아무 말도 못 하게 하잖아. 다른 사람 이야기도 좀 들어 주고 그래야 하는데 하나도 안 들어 줘. 그리고 자기들에게 좋은 법만 만들어서 법을 안 지키는 사람들은 다 감옥에 보내."

『독재란 이런 거예요』를 읽고 재잘재잘 늘어놓는 아이의 이야기를 들으니 어떤 지도자가 독재자인지 아이가 이해했다는 생각이 듭니다. 저는 총리, 국민 등 준이가 이해하기 어려운 용어는 최대한 쉬운 표현으로 이야기하며 내용 이해를 돕습니다. 이제 '나쁜' 지도자를 알았으니 반대로 좋은 지도자에 관해서도 생각해 보기로 합니다.

색이 다른 포스트잇을 준비합니다. 한 포스트잇에는 그림책에 등장하는 독재자의 모습을 적습니다. 총리는 모든 것을 이야기하지 않는다, 독재자에 맞선 사람은 나라를 떠난다, 국민의 것을 빼앗아 자기편 사람에게 나누어 준다 등으로 내용을 추립니다. 그렇다면 같은 상황에서 바람직한 지도자 즉 좋은 대통령은 어떻게 할까요?

"준아, 그림책에서 지도자를 도와 일하는 총리는 모든 것을 이야기하지 않고 독재자가 좋아하는 내용만 이야기하잖아. 그러면 좋은 대통령과 함께 일하는 총리는 어떻게 말을 할까?"

"음…… 다 알려 줘. 대통령이 알기 싫은 것도 말해야지. 사람들이 뭘 싫어하는지 알아야 하니까!"

"그럼 아빠가 적어 볼게. 아빠는 '모든 소식을 알린다.'라고 적었어. 그럼 준아, 독재자가 있는 나라에서 독재자에게 반대하는 사람은 나라를 떠나기도 하잖아. 좋은 대통령이라면 대통령에게 반대하는 사람들을 어떻게 할까?"

아이는 잠시 고민하더니 '맞선 사람들은 공평하게 끝낸다.'라고 적습니다. 분명하지 않은 말이지만 무슨 의미로 썼는지 알 것 같습니다. 대통령에게 반대하거나 맞서도 그 사람을 공평하게 대해야 한다는 의미이겠지요. 초등학교 입학 전 아이들은 표현하고 싶은 이야기가 텍스트로 잘 정리되지 않습니

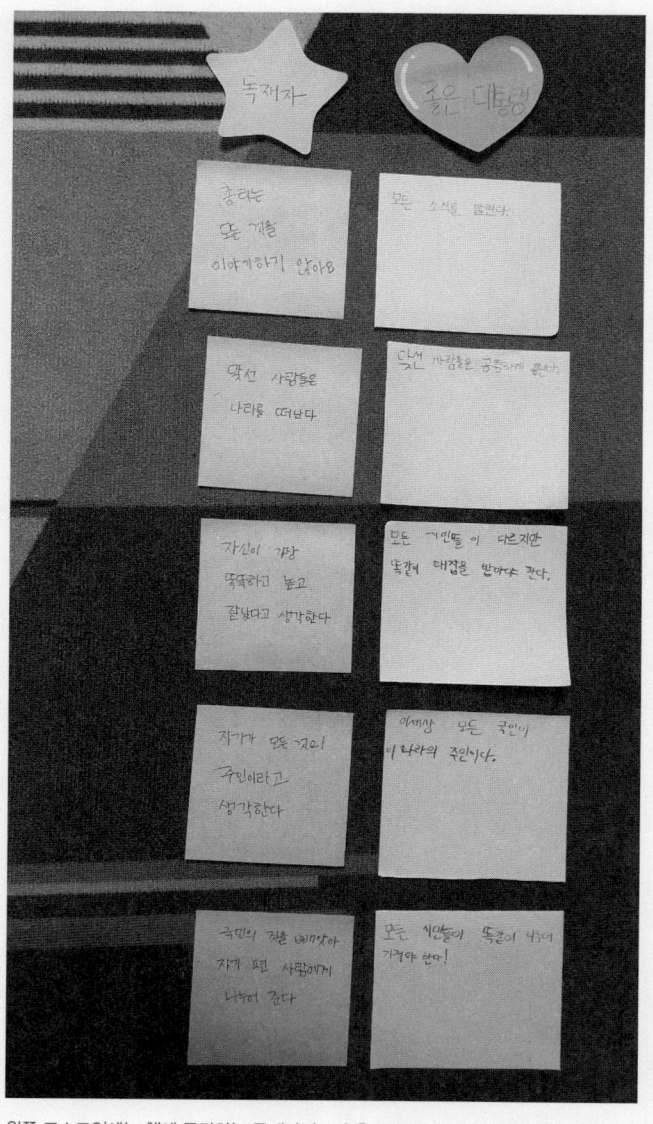

왼쪽 포스트잇에는 책에 등장하는 독재자의 모습을, 오른쪽 포스트잇에는 좋은 대통령이라면 같은 상황에서 어떻게 했을지 이야기 나누고 적어 보았습니다.

더불어 살아가는 마음을 키워 주는 그림책 놀이

다. 하지만 머릿속에는 말하고 싶은 내용의 알맹이가 분명하게 존재합니다. 그러므로 책에 아이가 모르는 개념이 나온다고 해서, 혹은 아이가 자기 생각을 정돈해 표현하기 어려워한다고 해서 책 읽기, 책 읽고 대화하기 자체를 미루지 마세요. 어른과 말을 주고받으며 아이도 자기 생각을 체계적으로 다듬어 나갈 수 있으니까요.

아이와 독재자에 관한 이야기를 나누며 '우리 집'을 예시로 들었습니다.

"준아, 만약 아빠가 이 집의 주인이라고 생각하고 마음대로 하면 어떨까? 아빠는 집의 주인이니까 아무것도 하지 않고 엄마에게는 청소하라고 시키고 준이에게는 쓰레기 버리고 오라고 시키기만 해도 될까? 그리고 엄마나 준이의 생각은 듣지 않고 모든 일을 아빠 혼자 결정해도 될까?"

"아니, 그건 나쁜 것 같아. 누가 어떤 일을 할지 함께 이야기를 나눠야지."

"그러면 우리 집에 주인이 있다고 하면 그 주인은 누구일까? 아빠나 엄마 한 사람일까? 그것도 아니면 준이일까?"

"아빠, 엄마, 그리고 나까지 다 이 집의 주인이지!"

아이는 아직 학교에서 '민주주의'라는 말을 배우지는 않았지만 어렴풋이나마 그 개념을 이해하는 것 같아 보입니다.

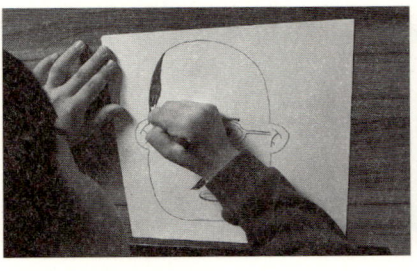

준이가 생각하는 좋은 대통령의 얼굴.

독재자와 좋은 대통령의 차이를 간략하게 정리하고 나자 아이가 그림을 그리자고 제안합니다. 그림책 맨 앞에는 실존한 독재자들의 캐리커처가 그려져 있습니다. 세계사 교과에서 배우게 될 히틀러, 집권 기간 30년 동안 약 30만 명의 우간다인들을 학살한 이디 아민, 캄보디아에 '킬링 필드'라는 아픈 역사를 불러온 폴 포트 등이 나와 있지요. 대신 준이가 그리는 대통령은 '좋은 대통령'입니다.

아이는 자신이 생각하는 지도자의 모습을 그린 후 가상의 이름도 만들었습니다. 앞으로 우리나라를 대표할 대통령도 아이가 포스트잇에 적은 좋은 대통령의 자질을 갖추면 좋겠다는 생각이 듭니다.

● 생각 나누기

우리나라는 광복 이후 오랜 기간 독재정권 하에 있었습니다. 지금의 어린이와 청소년에게 그때 이야기는 역사를 배우며 알게 되는 '하나의 사건'입니다. 아이들의 부모 세대 역시 대부분 민주주의가 태동할 시기에 성장했기 때문에 억압의 시대를 직접 체감하지는 못했을 거라고 생각합니다. 그렇기 때문에 우리는 아픈 역사가 되풀이되지 않도록 배우고, 인식하고, 경계해야 합니다. 짧은 그림책을 읽고 대화하는 시간이 아이에게도 어른에게도 그런 역할을 해 주면 좋겠습니다. 소수의 사람들이 국민의 행복과 자유를 억압하고 빼앗는 사회가 아니라 공평과 공정이 상식으로 통하는 나라에서 아이들이 꿈을 펼치며 살아가기를 바랍니다. 그 나라는, 일상에서 작은 책을 집어드는 것부터, 책을 읽고 나누는 이야기에서부터 시작되는 것인지도 모르겠습니다.

②

듣고 싶은 말, 듣고 싶지 않은 말

놀이 시간 | 20분
놀이 종류 | 언어 놀이
놀이 난이도 | ★☆☆☆☆

모든 아이들은 장점과 단점을 가지고 있습니다. 부모 입장에서, 때로는
아이의 단점이 너무 크게 보여 부족한 점을 지적하고 고치라고 이야기하게
되지요. 하지만 장점과 단점은 상대적인 것일지도 모르겠습니다. 누군가에게
장점처럼 보이는 것도 또 다른 누군가에게는 단점이 될 수 있지요. 그
반대의 경우도 있을 것입니다. 그림책 『괜찮아』에 등장하는 여러 동물도
마찬가지입니다. 저마다 가진 불편한 점이 어떤 상황에서는 장점이 되기도
하지요. 우리 아이들에게도 책 제목처럼 '괜찮다'는 말이 필요하지 않을까요?
부모로서 충고하고, 다그치고 싶은 상황이 있겠지만 아이들이 듣고 싶은 말은
정작 따로 있을 것 같습니다. 이번 놀이로 아이가 듣고 싶은 말, 듣고 싶지
않은 말을 알아보며 서로의 거리를 좁혀 보려고 합니다.

● 그림책 미리 보기

괜찮아
최숙희 지음, 웅진주니어, 2005

개미는 작습니다. 하지만 괜찮습니다. 힘이 세기 때문입니다. 고슴도치는 가시가 많습니다. 하지만 괜찮습니다. 무서움을 느끼지 않아도 되기 때문입니다. 뱀은 다리가 없지만 어디든 잘 다니고 기린은 목이 길지만 오히려 긴 목 때문에 높은 곳에 닿을 수 있습니다. 동물들의 단점은 때로 장점이 되기도 합니다. 그런 동물들은 "그럼 너는?"이라고 아이에게 묻습니다. 곰곰이 생각하던 아이는 크게 웃을 수 있는 것이 장점이라고 말하며 함박웃음을 짓습니다.

● 활동 살펴보기

준비물 | A4용지, 가위, 연필

개미, 고슴도치, 뱀, 타조, 기린, 그리고 주인공 어린아이, 이들이 웃을 수 있었던 이유는 바로 '괜찮아.'라는 한 마디 때문입니다. 단순한 한 마디지만 단점을 장점으로 바꾸어 주고 의기소침한 감정을 행복한 마음으로 바꾸어 주는 비밀 열쇠이지요.

아이와 그림책을 함께 읽으면서 문득 궁금해지는 것이 하나 있습니다.

'나는 평소에 준이에게 어떤 말을 하고 있을까? 준이가 마음 아파하는 말보다는 준이를 웃게 만드는 말을 많이 하고 있는 것 같은데. 혹시라도 그렇지 않으면 어쩌지……'

더불어 살아가는 마음을 키워 주는 그림책 놀이

아빠는 A4용지를 적당한 크기로 잘라 주었습니다. 아이의 이야기가 적힐 카드를 만들기 위해서입니다. 1장을 6등분 하면 아이가 글씨를 쓰기에 충분한 크기입니다.

"준이가 아빠에게 어떤 말을 듣고 싶은지, 어떤 말을 듣고 싶지 않은지 적어 볼까?"

"듣고 싶은 말이면 평소에 아빠가 나에게 잘 하지 않는 말을 말하는 거야?"

아빠인 저의 의도는 달랐습니다. 아빠가 평소에 많이 하는 말 중 다시 듣고 싶은 말을 써 보자는 의미였는데 준이는 본인이 듣고 싶었지만 아빠가 그 말을 해 주지 않아 서운한 상황을 먼저 떠올린 것 같습니다. 아이가 되묻는 말을 들으며 미안하기도 하고 거기까지 생각하지 못했던 것이 부끄럽기도 합니다. 아이가 먼저 써넣은 '듣고 싶은 말'은 이것입니다.

잘했다

"준아, 아빠가 준이에게 잘했다고 잘 안 해 줘?"

"응, 내가 수학 문제 다 맞으면 '다음에도 다 맞아야지.'라고만 말해. 내가 틀리면 목소리가 커져."

망치로 머리를 한 대 얻어맞은 기분입니다. 잘했을 때에는 칭찬도 받고 싶은데 아빠는 잘한 것을 당연하게 생각하고 채찍질하는 데에만 바빴던 것입니다.

사랑해
괜찮아

고마워
수고했어
현준아

아이는 어떤 상황에서 이런 말들을 듣고 싶었는지 이야기합니다. 아빠는
아이에게 미안하고 부끄러워 듣기만 합니다.

"그런데 준아, '현준아'는 뭐야?"

"아빠가 평상시에는 '현준아~'라고 부르다가 나 혼낼 때면 항상 꼭 성을
함께 불러! 전현준! 이렇게 말이야. 그래서 항상 '현준아~'라고 불러 줬으면
좋겠어."

생각해 보니 아이를 혼낼 때면 항상 성과 함께 큰 목소리로 아이의 이름
을 불렀습니다. 그러면 아이는 표정이 어두워지고 그 자리에서 얼음 상태가
되지요.

"아빠, 이제는 내가 듣고 싶지 않은 말을 적을 거야. 아빠가 안 했으면 하
는 행동도 있어."

화내는 것처럼 걷기
현준아 너 왜 이렇게 푸니!
너 왜 이렇게 했어!
전현준!
엄마, 아빠 싸우기
한숨 쉬기

"아빠가 한숨을 많이 쉬었어?"

"어, 자려고 하다가 물 마시려고 하면 왜 자기 전에 안 마셨냐고 한숨 쉬
잖아. 그리고 책 읽어 달라고 하면 너무 늦은 시간이라고 한숨 쉬잖아."

더불어 살아가는 마음을 키워 주는 그림책 놀이

이야기를 들으니 그동안 아이에게 했던 말과 행동들이 하나씩 떠오릅니다. 평상시에는 별로 대수롭게 생각하지 않았던 것인데 아이에게 직접 들으니 더욱 미안해지기도 합니다.

아이가 듣고 싶은 말들은 스테이플러를 사용해 하나로 고정합니다. 듣고 싶지 않은 말들은 손으로 꾹꾹 눌러 쓰레기 뭉치로 만들어 줍니다.

"준아, 이 종이들을 쓰레기통에 버리면 깨끗하게 사라지는 것처럼 앞으로 아빠가 이제 여기 적힌 행동을 하지 않을게!"

"아니야 아빠. 이걸 버리면 나중에 또 아빠가 이런 말이랑 행동을 할 수 있잖아. 그래서 잘 보이는 곳에 놓아둘 거야. 아빠가 그런 말과 행동을 하면 꺼내서 그렇게 하지 말라고 보여 줄 거야!"

● 생각 나누기

교육심리학에 '자기 효능감'이라는 개념이 있습니다. 개인이 특정한 과제를 수행할 수 있다는 믿음을 의미하지요. 연구에 의하면 자기 효능감에 영향을 미치는 요인 중 하나가 "나는 네가 잘할 거란 사실을 알아.", "괜찮아, 다음에는 더 좋아질 거야."와 같은 교사의 말, 즉, 언어적 격려라고 합니다.

'괜찮아.'라는 말 한마디가 아이의 숨은 잠재력을 끌어내는 것이지요. 하물며 아이를 가장 사랑하고 또 가장 많은 시간을 보내는 부모의 말은 더욱 그 영향이 클 것입니다.

'사랑해', '괜찮아', '수고했어', '고마워', '잘하고 있어', '더 좋아질 거야', '네가 내 아들, 딸이라 기뻐' 등 사랑이 담긴 말 한마디는 어떤 교육보다도 더 선한 영향을 끼칩니다. 평상시에 이런 말을 잘 하지 못했다고요? 아이가 많이 커서 이렇게 말하는 것이 부끄럽다고요? 듣는 아이가 당황할 것 같다고요?

그렇지 않습니다. 부모가 그런 말을 못 한다는 핑계를 찾는 동안 아이는 서운함을 계속 쌓아 둘지도 모릅니다. 지금 당장 아이의 손을 잡고 따뜻한 눈길로 바라보며 이렇게 말해 보세요.

괜찮아, 그저 널 사랑한단다

혹시 아이가 자신만의 상처와 세계 속에 숨어 있다면 마음을 열고 부모 곁으로 다가오게 될 것입니다. 조금만 용기를 내고 먼저 다가가면 다정한 말 한마디에도 마음을 열고 눈을 마주쳐 주는 존재가 바로 아이들이니까요.

③

등장인물의 감정을 한 단어로 정리하기

놀이 시간 | 40분 이상
놀이 종류 | 언어 놀이
놀이 난이도 | ★★★☆☆

그림책 『아빠, 미안해하지 마세요!』에 등장하는 아빠는 어렸을 때부터
휠체어를 탔습니다. 사랑하는 아이와 마음껏 뛰놀 수 없어 마음이 무거웠을
아빠. 하지만 아빠의 딸은 늘 괜찮다고 이야기합니다. '괜찮다'에서 그치는
형식적인 위로가 아니라 왜 아빠가 미안하지 않아도 되는지 진심을 좀 더
구체적으로 말해 주지요. 준이도 누군가에게 위로, 고마움 등 마음을 전달할
때가 있을 것이므로 감정을 표현하는 다양한 말을 많이 알고 있으면 좋겠다고
생각했습니다. 이번 책놀이로 인물들이 어떤 감정을 느꼈는지 생각하고 해당
단어를 정리해 보기로 합니다. 감정의 결을 섬세하게 읽어 내기에는 아직
어리지만 마음을 표현할 수 있는 말을 떠올리고 정리해 본 경험은 아이에게
매우 의미 있는 시간이 될 것입니다.

● 그림책 미리 보기

아빠, 미안해하지 마세요!
홍나리 글·그림, 한울림스페셜, 2015

아빠는 딸에게 미안한 것이 많습니다. 자전거를 함께 타지 못해서, 스케이트를 함께 타지 못해서, 헤엄치며 놀지 못해서 항상 미안한 마음입니다. 하지만 딸은 아빠와 못 하는 게 많아 아쉬워하기보다 아빠와 함께했던 좋은 추억을 꺼내 놓습니다. 함께 수영은 못 하지만 해변에 앉아 모래성을 만들 수 있거든요. 얼음 위에서는 스케이트를 타는 대신 얼음낚시를 하면 되지요. 딸을 향한 아빠의 사랑과 아빠를 위로하는 딸의 모습을 통해 따뜻한 감동을 느낄 수 있습니다. 더불어 책을 읽는 동안 장애인과 더불어 살아가는 삶에 관해서도 생각해 볼 수 있습니다.

● 활동 살펴보기

준비물 | A4용지(포스트잇을 활용해도 좋음), 가위, 연필

초등학교 저학년인 준이는 우리 사회가 장애인에게 어떤 편견을 보이는지, 장애인과 비장애인이 구별 없이 살아가는 일이 왜 중요한지, 아직 깊이 있게 알지 못합니다. 이 연령의 아이들 중 '장애'라는 말에 익숙하지 않은 아이도 많습니다. 그래서 초등학교에 입학하지 않은 아이와 이 주제로 이야기 나눌 때에는 더욱 신중해야 한다는 생각이 듭니다. 우리 사회가 장애인에게 완벽하게 열려 있지 않다는 사실을 오히려 '가르칠' 수도 있기 때문입니다. 장애인

더불어 살아가는 마음을 키워 주는 그림책 놀이　　**175**

을 더불어 사는 이웃으로 여기기보다 비장애인과 다른 존재, 무조건 배려받아야 하는 존재로 인식하게 될까 봐 조심스럽기도 합니다. 주제 이야기를 직접적으로 나누기 전에 아이가 먼저 등장인물의 감정을 정리해 보면 책 속 아빠도, 딸도, 비장애인과 다를 바 없이 타인과 마음을 주고받는 존재라는 점을 자연스럽게 알 수 있지 않을까요?

먼저 A4용지를 8등분해서 카드 크기로 자릅니다. 한 장에 한 단어씩 적을 예정이지요. 아이가 인물에 공감하며 대답을 찾아갈 수 있도록 어른이 차근차근 질문을 시작합니다.

"준아, 준이는 책 읽고 무슨 말이 제일 먼저 떠올라?"

"음...... '미안'이야. 미안. 책에서 아빠가 항상 미안하다고 하잖아."

아빠는 '미안'을 '미안함'으로 적도록 안내합니다.

"책에서 아빠가 그렇게 말할 때 딸은 아빠한테 뭐라고 얘기했는지도 기억 나?"

"괜찮다고 했어. 자전거를 함께 못 타도 괜찮고, 스케이트를 함께 못 타도 괜찮대."

아이는 '괜찮다'는 의미를 '괜찮음'으로 적습니다.

책을 펼쳐 등장인물인 아빠가 다른 아빠들을 바라보는 그림을 봅니다. 아빠는 벤치에 앉아 아이와 자전거를 함께 타는 다른 아빠를 보기도 하고, 아이가 스케이트 타는 걸 도와주는 아빠를 보기도 합니다.

"이 장면에서는 아빠가 의자에 앉아서 다른 아빠들을 보고 있네. 이때 이 아빠는 어떤 기분이 들었을까?"

"부럽다! 부러웠을 거야. 나도 딸이랑 놀고 싶으니까......."

아이가 단어를 바로 떠올리기 힘들면 인터넷에서 '감정 단어 목록'을 검색하고 보기를 열 개 정도 준비해 그 안에서 고를 수 있도록 합니다. 보기 중에서 인물의 감정과 결이 같은 말을 찾아도 좋습니다.

"그럼 딸은? 딸은 어떤 마음일지도 생각해 보자."

"행복? 기분 좋음?"

"왜 그렇게 생각했어?"

"아빠랑 모래성도 만들고 낚시도 하면서 재미있게 노니까! 그리고 책에도 딸이 행복했다고 나와!"

"그런데 아빠가 몸이 불편하고 휠체어를 타니까 딸은 아빠랑 같이 수영

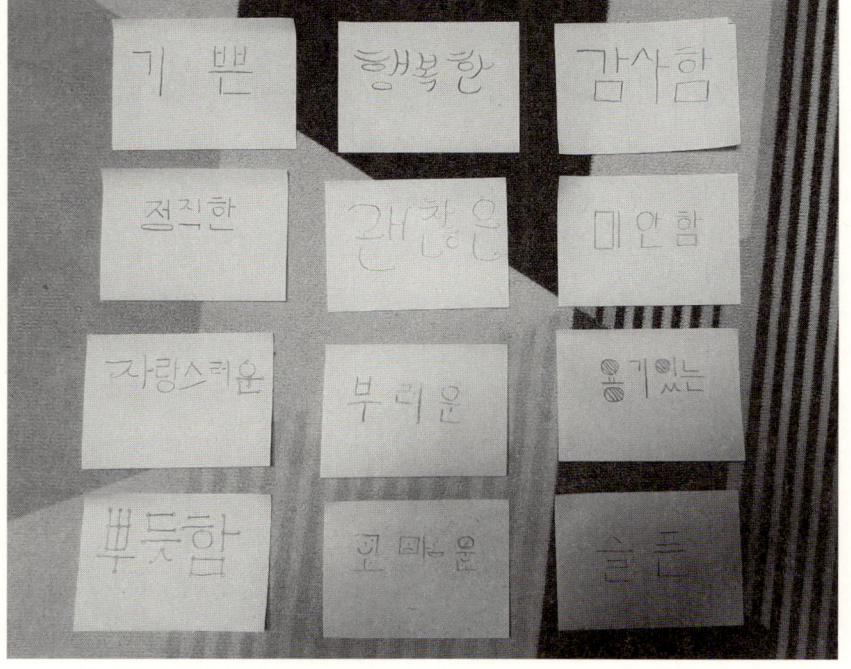

아이가 정리한 단어들. 등장인물에게 어느 정도는 공감한 것 같지요?

더불어 살아가는 마음을 키워 주는 그림책 놀이

하고 자전거 타는 걸 할 수 없잖아? 혹시 아쉽거나 서운해하지 않을까?"

"아니야, 얼음낚시랑 모래성 만들기가 더 재미있잖아! 비 오면 아빠랑 코코아도 마시고."

아이와 등장인물인 아빠와 딸에 관해 이야기하다 보니, 휠체어를 타는 아빠를 '장애인'으로 바라보는 것 또한 어른의 관점이 아닐까 하는 생각이 듭니다. '휠체어 타는 사람'은 그저 '휠체어 타는 사람'입니다. 걸을 수 없다는 사실이 무언가의 결핍으로 느껴지거나 혹은 '도움을 받아야 한다'는 시혜적인 관점을 불러일으키는 요소가 되지 않습니다. 그림책 속 아빠와 딸도 그저 함께 행복을 만들어 나가는 존재인 것입니다.

● 생각 나누기

세상에는 다양한 사람이 있습니다. 어떤 사람은 손이 불편하고, 어떤 사람은 말하는 것이 어렵기도 합니다. 하지만 이들 모두 사회의 한 구성원으로서 우리와 함께 살아가는 사람들입니다. 장애인과 비장애인을 구분하는 일, 장애를 '극복해야 할 대상'으로 규정하는 일 또한 경계해야 하지 않을까요?

『아빠, 미안해하지 마세요!』는 장애를 가진 사람들을 바라보는 우리의 시선과 편견에 중요한 메시지를 건넵니다. 그림책 속 딸아이의 눈에, 준이의 눈에 휠체어 탄 아빠와 함께하는 삶이 특별한 것이 아니듯, 우리 사회도 다양한 사람들과 함께하는 삶을 특별하게 여기지 않고 자연스럽게 생각했으면 좋겠습니다.

사회 구성원 누구도 장벽에 가로막혀 차별을 겪거나 부당하게 포기하는 일이 있어서는 안 된다는 것, 그러기 위해서는 어른이 목소리를 높여 아이들에게 길을 보여 줘야 한다고 다짐하는 저녁이었습니다.

4

섬에 얽힌 역사 생각하고 멸종 동물 만나 보기

놀이 시간 | 30분
놀이 종류 | 만들기 놀이
놀이 난이도 | ★★☆☆☆

독도에 관해 이야기하자면 역사적, 생태적인 맥락을 빼놓을 수 없습니다.
독도는 우리나라 영토가 분명한데도 어떤 나라는 독도가 자국 영토라고
주장하고 있지요. 우리에게는 독도를 터전 삼아 살아가는 다양한 생물종을
보호할 의무도 있습니다.
독도에 살았지만 지금은 멸종 동물로 분류된 '강치' 또한 이 두 맥락에서
복합적으로 들여다봐야 합니다. 역사의 뒤안길로 사라진 강치 이야기는
그림책, 동화 등 다양한 작품에서 의미 있게 다뤄지기도 했지요.
준이와 함께 읽은 그림책『독도는 외롭지 않아』에도 강치 이야기가
등장합니다. 강치는 왜 멸종될 수밖에 없었을까요? 거기에는 어떤 역사적
배경이 얽혀 있을까요?

더불어 살아가는 마음을 키워 주는 그림책 놀이

● 그림책 미리 보기

독도는 외롭지 않아
이정은 글, 이유정 그림, 키즈엠, 2016

독도는 바닷속에 잠긴 부분이 물 위로 솟아오른 부분보다 수천 배는 큰 섬입니다. 다른 섬과 비교했을 때 넓지 않은 면적이지만 바다제비, 슴새, 흑비둘기, 괭이갈매기가 오가는 곳이기도 하지요. 독도를 둘러싼 바다는 파랑돔, 흑돔, 쏠배감펭, 문어, 오징어, 돌고래, 상어 등 다양한 생물종이 살아가는 곳입니다. 이 책은 독도가 '자기 목소리'로 들려주는 이야기입니다. 자신을 잊지 말고 잘 기억해 달라는 편지를 받은 기분이지요. 책에는 독도 강치도 간단히 언급됩니다. 지금은 멸종된 강치. 강치와 관련된 활동을 하면서 멸종 동물 이야기를 더 나누기로 합니다.

● 활동 살펴보기

준비물 | 국립생태원 블로그에서 제공하는 강치 종이 접기 도안이나 정사각형 모양 종이

아이는 유치원에서 「독도는 우리 땅」 노래를 배웠다며 곧잘 흥얼거립니다. 그래서인지 독도에 관련된 그림책을 가져오자 바로 흥미를 보였지요. 아이들은 좋아하는 노래, 운동, 평소에 애착이 많은 물건 등 익숙한 것들과 관련된 그림책에 더욱 관심을 보입니다. 따라서 평소 아이의 모습에 관심을 가지고 있으면 그림책을 빌리거나 구입할 때 아이의 눈높이에 맞는 그림책을 고를 수 있습니다.

아이는 아빠가 읽어 주는 그림책을 들으면서「독도는 우리 땅」노래도 부릅니다. 노래 내용은 독도가 우리나라 땅이라는 역사적인 근거가 대부분이지만 오징어, 꼴뚜기 등 독도 근처에 서식하는 생물자원도 언급되어 있어 준이가 재미있어 합니다.

만들기까지 더해진다면 더 재미있는 책놀이가 되겠지요? 그림책을 미리 읽은 아빠는 독도에 살았던 '강치' 만들기를 준비합니다. 강치는 바다사자과에 속하는 바다 생물로, 주로 동해안에 살고 있었습니다. 일제가 우리나라를 호시탐탐 노리던 1904년부터 우리나라를 강제로 지배한 약 30년 동안 독도에서 포획한 강치는 약 14,000마리. 일본인의 무분별한 포획 때문에 강치 개체 수는 급격하게 줄어들었고, 결국 멸종에 이르렀습니다.

2년 전 학교에서 아이들과 '독도의 날' 관련 교육을 할 때 미술 교과와 융합한 수업을 진행했습니다. 독도 괭이갈매기, 독도 강치를 종이 공예로 만들었지요. 단순히 글로만 독도를 배웠을 때보다 독도 이야기를 더 생생하게 만날 수 있었습니다. 자유와 정의가 사라진 일제 강점기 우리나라의 상황을 알아 가며 교과서에서 말하는 것보다 더 많은 것을 느끼고 생각할 수 있는 시간이었지요.

오늘 아이와는 누구나 쉽게 활용할 수 있는 도안으로 강치 종이접기 놀이를 하려고 합니다. 국립생태원은 블로그에 강치 도안을 제공하고 있습니다. 블로그에 첨부된 도안에는 따라 접을 수 있는 점선이 그려져 있어 출력하면 더 수월하게 종이접기를 할 수 있지요. 도안에는 접는 순서가 함께 안내되어 있으므로 출력하지 않고 별도의 종이를 준비해 따라 접어도 훌륭하게 완성됩니다. 색종이, A4용지, 연습장, 도화지 모두 좋은 재료가 될 수 있습니다. 단, 직사각형 종이

국립생태원의 강치 종이접기 도안 링크

는 한쪽 부분을 잘라 정사각형 모양으로 만들어 줍니다.

"준아, 우리나라가 예전에는 일본의 지배를 받았었어. 지금은 대한민국이라는 나라 이름이 있지만 그때는 우리나라 이름도 없었지. 사람들은 이름도 일본 이름으로 바꿔야 했고 학교에서 수업도 일본말로 해야 했어."

"정말? 우리나라가 없는 거잖아. 아휴, 그때 태어나지 않아서 다행이네."

"그때 살았던 사람들이 정말 힘들었을 거야. 돈을 벌어도 뺏기거나 목숨을 잃는 일도 많았어."

강치를 만들면서 일제 강점기 역사에 대해서도 간단히 들려줍니다. 아이는 아빠의 이야기를 들으면서 분노하기도 하고 얼굴을 찌푸리기도 합니다. 준이 나이에 복잡한 역사적 배경을 모두 이해하기는 어렵지만 그래도 역사에 대해 조금이나마 알아가는 것 같아 왠지 뿌듯합니다. 지금은 볼 수 없는 독도 강치 이야기도 합니다.

"준아, 우리가 독도에 사는 강치를 지금은 볼 수 없잖아. 인간이 노력하지 않으면 앞으로 볼 수 없는 동물들이 더 많아질 거야."

"아빠, 동물들이 왜 멸종 위기 동물이 되는지 알아? 나 『진짜 진짜 재밌는 멸종위기동물 그림책』에서 봤어."

"동물들이 많이 죽거나 살 곳이 없어져서 그런 것 같은데."

"사람들 때문이래. 사람들이 상아 때문에 코끼리를 죽이고 가죽 때문에 안경곰을 죽여. 그러면 많은 동물들이 금방 모두 사라지게 될 거야."

아이와 이야기를 나누며 함께 강치를 완성합니다. 아이는 강치를 사진으로만, 놀이의 결과물로만 만나는 것이 못내 아쉬운 눈치입니다. 복잡한 역사적 배경, 생태적 관점의 부재 속에서 지키지 못한 강치. 강치 이야기는 다른 생물에 기대어 살아가는 우리가 자연, 동식물, 생태계를 어떻게 바라봐야 하는지 방향을 제시해 주는 듯합니다.

도안을 출력하지 않고 일반적인 흰 종이로 강치를 만들었다면 눈도 그려 주고 색도 칠해 줍니다.

더불어 살아가는 마음을 키워 주는 그림책 놀이

● 생각 나누기

강치의 영문 이름은 'Japanese sea lion'입니다. 이를 두고 생물 연구에 한발 앞섰던 일본이 자국에 유리한 이름을 붙였고, 이제는 독도 영유권 주장의 근거로 이를 활용한다며 비판하는 의견도 있습니다. 물론 준이 또래의 아이가 강치에 얽힌 복잡한 역사적 배경을 온전히 이해하기는 어렵습니다. 그림책을 읽으며 일본이 우리를 지배했다는 굵직한 역사적 사실 정도를 알게 되었을 것이고, 후에 우리나라 역사를 본격적으로 배울 때쯤이면 강치 이야기를 곁가지 지식으로 떠올릴 수 있을 것입니다.

강치 이야기에서 중요한 또 하나의 포인트는 우리가 인간이라는 이유만으로 다른 동물을 '멸종'에 이르게 해도 되는지 생각해 보는 것입니다. 생물자원을 채취할 때에는 그 생물종이 개체수를 유지할 수 있도록 남획하지 말아야 한다는 사실을 염두에 두어야 하지요. 많은 아이들이 강치 이야기를 통해 인간도 다른 살아 있는 모든 생명처럼 지구 생태계를 구성하는 한 일원이라는 메시지를 깨달으면 좋겠습니다. 다양한 생물종이 모두 어우러지는 지구를 만드는 일은 모든 세대가 중요하게 생각할 과제이기도 할 것입니다.

5

자음과 모음으로 낱말 만들기

놀이 시간 | 40분 이상
놀이 종류 | 언어 놀이
놀이 난이도 | ★★☆☆☆

외국어를 배울 때 어땠는지 잠깐 생각해 봅시다. 새로운 단어를 배우는 일은 어른에게도 쉬운 과정이 아닙니다. 익숙지 않은 낱말은 입 밖으로 쉽게 나오지 않고 머릿속에 맴돌기만 합니다. 그 말을 꺼내야 할 상황에서 바로바로 사용하기 어렵고요.

유치원생과 초등학교 아이들은 어떨까요? 어릴 때부터 주입식으로 단어를 가르치면 아이의 스트레스는 쌓여 갑니다. 스트레스가 반복되면 나중에 글을 읽기 어려워하거나 학습 자체에 흥미를 떨어뜨리는 결과를 초래하기도 합니다. 아이가 편안하고 자연스럽게 새로운 단어를 익히는 방법은 '놀이'입니다. 예를 들면 '끝말잇기' 같은 놀이가 효과적일 수 있지요. 아이와는 자음과 모음 카드를 가지고 새로운 형태의 끝말잇기를 하면 재미있습니다. 아이가 어떻게 새로운 낱말들을 익혀 가는지 함께 살펴볼까요?

더불어 살아가는 마음을 키워 주는 그림책 놀이

● 그림책 미리 보기

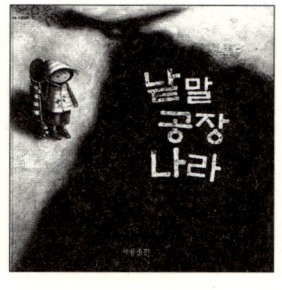

낱말 공장 나라
아녜스 드 레스트라드 글, 발레리아 도캄포 그림, 신윤경 옮김, 세용출판,
2009

낱말 공장 나라 사람들은 거의 말을 하지 않습니다. 돈을 주고 낱말을 사서 삼켜야만 그 말을 사용할 수 있지요. 가난한 사람들은 쓰레기통을 뒤져 버려진 낱말을 찾거나 바람에 떠다니는 낱말을 곤충망으로 잡습니다. 가난한 필레아스도 비슷한 처지이지요. 반면에 부자들은 많은 낱말들을 가지고 있어서 하고 싶은 말을 자유롭게 할 수 있습니다. 오스카는 자유롭게 낱말을 살 수 있는 아이입니다. 두 사람은 모두 시벨을 좋아합니다. 오스카는 많은 낱말로 시벨에게 사랑을 고백하지만 시벨은 미소 짓지 않습니다. 오히려 세 낱말로 진심을 전한 필레아스에게 마음을 열지요. 가진 것이 없어도 상대방을 향한 진정성 있는 마음이 있다면 진심은 전달될 수 있다는 메시지가 담긴 그림책입니다.

● 활동 살펴보기

준비물 | A4용지나 도화지, 가위, 연필

내 생각과 마음을 상대방에게 잘 전하기 위해서는 적절한 말을 선택해야 합니다. 그림책 이야기처럼 많은 낱말을 가지고 있으면 무언가를 이야기하고 싶을 때 상황에 알맞은 단어를 쉽게 찾아 끄집어낼 수 있지요. 학교에서도 국어사전을 활용하거나 낱말을 사용해 이야기를 만드는 활동을 하며 어휘력을 높이는 수업을 합니다. 하지만 짧은 시간에 주입식으로 이루어지는 수업이 되면 오히려 아이들은 새로운 낱말의 뜻을 배우고 활용하는 시간을 싫어하게 됩니다. 집에서도 마찬가지입니다.

'어떻게 하면 아이와 재미있게 낱말을 배울 수 있을까?' 고민하던 아빠에게 『낱말 공장 나라』는 단어를 자연스럽게 배울 수 있도록 하는 마중물이 됩니다. 시벨은 다행히 필레아스에게 마음을 열었지만 동시에 낱말에 빈부 격차가 있는 세계가 얼마나 비극인지도 생각해 볼 수 있었지요. 우리가 생각과 감정을 자유롭게 표현하기 위해서는 어휘량을 풍부하게 하려는 노력도 필요할 것입니다.

『낱말 공장 나라』에서 살 수 있는 낱말은 자음과 모음이 결합한 한 단어입니다. 하지만 글자들을 처음 접하거나 단어에 익숙하지 않은 아이들에게 낱말을 바로 읽고 그 뜻을 이해하는 일은 조금 어렵습니다. 그래서 바로 낱말을 읽어 보는 활동보다 자음과 모음을 조합해서 글자들을 만들고, 뜻풀이를 함께 하며 끝말잇기 놀이를 해 보기로 합니다.

먼저 A4용지를 가로로 길게 반으로 접고 한 번 더 반으로 접습니다. 그러면 네 개의 긴 띠가 나오는데 띠 하나를 일정한 간격으로 잘라 카드로 활용합니다.

아이는 종이 카드에 자음과 모음을 적기 시작합니다. 자음과 모음을 조합해야 하므로 한 장에 자모를 한 개씩 적습니다. 교과서나 학습지에서도 자음과 모음을 배웠지만 놀이와 접목하니 더 적극적으로 참여합니다. 숙제나 공부로 느끼지 않고 재미난 놀이라고 생각하니 즐겁나 봅니다.

아이는 자음 열네 개, 모음 열 개, 총 스물네 개의 글자들을 종이에 적고 무언가 생각하더니 빠진 글자들이 있다고 이야기합니다. ㄲ, ㄸ, ㅃ, ㅆ, ㅉ, ㅐ, ㅒ, ㅔ 등이 빠진 걸 아빠도 눈치채지 못했습니다. 복합자음과 복합모음은 잊어버리기 쉽지만 다른 자모와 마찬가지로 중요한 음소이므로 빠뜨리지 않아

여러 자모를 찾아 '석기'라는
말을 만들었지만 정확한 뜻을
몰라 설명해 주어야 했습니다.

야 합니다.

"아빠가 먼저 시작할게. 석기!"

자음에서 ㅅ 과 ㄱ이 적힌 종이 카드를 가져오고 모음에서 ㅓ 와 ㅣ 카드
를 가져와 낱말을 만들려고 보니 ㄱ 이 하나 부족합니다. 그래서 남아 있는 종
이 카드에 ㄱ을 한 번 더 적고 '석기'라는 낱말을 만듭니다. 중복해 나오는 자
모는 빈 종이카드에 하나씩 추가로 써 가며 단어를 만듭니다.

"아빠 석기가 뭐야?"

"석기는 돌로 만든 도구야. 역사책 보면 석기 시대라고 나오잖아. 그때
쓰이는 말이야."

이제 '기'로 시작하는 단어를 만들어야 합니다. 종이로 하는 끝말잇기는
말로 하는 끝말잇기보다 속도가 느립니다. 어떤 낱말을 만들지 생각해야 하고
해당 낱말의 자음과 모음을 찾아 조합해야 하기 때문입니다. 하지만 속도가
느리다 보니 만든 낱말에 관해 더 많이 이야기 나눌 수 있습니다. 자음과 모음
이 어떻게 모여서 글자를 이루는지 직관적으로 파악할 수도 있게 됩니다.

"그러면 나는 기권!"

"기권이 무슨 뜻일까?"

"책에서 봤는데 잘 모르겠어. 그래도 정말 있는 낱말이야."

"그럼 우리 사전에서 찾아볼까?"

아이가 읽은 책들 중에 기권이라는 낱말이 나왔나 봅니다. 책을 읽었을 때는 그림 위주로 봤거나 낱말의 정확한 뜻을 몰라도 앞뒤 문맥상 내용을 이해할 수 있기 때문에 크게 집중하지 않았던 것이지요. 알고는 있지만 정확한 뜻을 모르는 낱말이 나오면 국어사전이나 인터넷 검색을 통해 바로바로 뜻풀이를 찾고 읽어 봅니다.

말로 했다면 금방 이어질 놀이지만 아빠와 준이의 속도는 더디기만 합니다. 하지만 준이는 재미있게 놀이에 참여합니다. 스스로 선택한 카드들로 원하는 낱말이 되는 과정이 놀이를 더 흥미롭게 만드는 것 같습니다.

● **생각 나누기**

한글을 만드는 기본적인 자음은 열네 자, 모음은 열 자입니다. 이를 기본 자모자라고 하며 기본 자모자를 이용해 만든 글자를 복합 자모자라고 합니다. 복합 자모자는 자음 다섯 자, 모음 열한 자로 구성되어 있지요.

아이들은 단어를 배울 때 자모의 조합이 이루어진 낱말 자체의 형태를 먼저 인지하며 학습하는 경우도 있고 자음과 모음을 먼저 인지하고 이를 조합한 다음 하나의 글자로 이해하는 경우도 있습니다. 어떤 방법으로 단어를 배우든 가장 중요한 것은 글자를 읽고 쓰는 과정이 즐거움이 되어야 한다는 것입니다. 그 연결고리가 바로 오늘처럼 놀이가 되었으면 좋겠습니다.

6

이웃 나라에 사는 친구들 그리기

놀이 시간 | 20분
놀이 종류 | 그리기 놀이
놀이 난이도 | ★☆☆☆☆

이웃과 가족 사이의 교류는 점점 적어지고 고립과 단절, 경계심이 우리 일상에서 존재감을 점점 키우는 요즘입니다. 공동체를 위한 양보, 희생보다 개개인의 행복과 각자가 누릴 수 있는 눈앞의 즐거움이 우선하는 시대이기도 하지요.

아이들이 타인에게 감응하는 감각, 다른 사람의 감정과 그가 처한 환경에 공감하는 감각을 기르도록 지도하는 일을 가볍게 여기면 안 되는 이유가 여기에 있습니다.

그림책뿐만 아니라 여러 문학 작품을 읽는 일도 공감력을 성장시키는 중요한 요인입니다.

여기, 우리 어린이들이 멀리 떨어진 곳에 있는 또래 친구들에게 마음을 기울이도록 이끌어 주는 그림책이 있습니다. 우리 아이들이 평범한 일상을 살아가고 있을 때 다른 나라, 다른 문화권에서 살아가는 친구들은 어떻게 지내고 있을까요?

● 그림책 미리 보기

내가 라면을 먹을 때
하세가와 요시후미 지음, 장지현 옮김, 고래이야기, 2009

내가 라면을 먹을 때, 이웃집 아이는 화장실에서 볼일을 봅니다. 이웃집 아이가 볼일을 볼 때 이웃 마을에서는 또 한 아이가 달걀을 깨고, 그 아이의 이웃 나라에서는 또 어떤 아이가 동생을 업고 있습니다. 동생을 업은 아이의 이웃 나라에는 먼 곳까지 가 물을 긷는 아이가, 물 긷는 아이의 이웃 나라에는 소를 모는 아이가 있습니다. 릴레이 형식으로 이어지는 이야기는 평화롭게 라면을 먹거나 텔레비전을 보는 아이들과 전쟁과 가난으로 고통스럽게 살아가는 아이들이 동떨어진 존재가 아님을 보여 줍니다. 그림책은 우리들이 지금 당장 무엇을 해야 하는지, 어떤 마음으로 살아가야 하는지 깊이 생각할 수 있도록 해 줍니다.

● 활동 살펴보기

준비물 | A4용지나 도화지, 색연필

아이는 지도를 보고 따라 그리기를 좋아합니다. 처음에는 우리나라 지도를 그렸고 다음에는 범위를 넓혀 세계지도를 그렸습니다. 그리고 어느 날은 여러 나라의 지도가 그려진 카드를 보면서 놀이를 하기도 했지요. 세계 여러 나라의 이름과 위치를 많이 알고 있지만 그 나라 아이들이 어떻게 살아가고 있는지는 생각해 보지 않았습니다.

더불어 살아가는 마음을 키워 주는 그림책 놀이

"아빠, 그림책을 읽어 보니까 정말 힘들게 사는 아이들이 많은 것 같아. 나는 학교가 재미있는데 어떤 아이들은 학교도 못 가고, 물도 멀리서 길어와야 해. 돈을 벌려고 빵도 팔고 농사도 지어. 그리고 또 어떤 애는 길바닥에 쓰러져서 일어나지도 못하잖아."

그림책을 본 아이가 조잘조잘 내용을 되짚습니다. 평소에 깊게 생각하지 못했던 내용들이라 더 이야기가 더 와닿았나 봅니다.

사람들은 자신이 살고 있는 장소를 벗어난 세상을 상상하기 힘듭니다. 어른도 크게 다르지 않습니다. 삶이 바쁘고 현실에 적응하기 바빠 다른 곳으로 시선을 돌리기 쉽지 않지요. 아이와 함께 그림책을 읽으며 어른도 다른 나라의 아이들이 어떻게 지내는지 새롭게 돌아볼 수 있었습니다.

"아빠가 학교에서 도덕 수업할 때 형, 누나들과 봤던 동영상 같이 볼래?"

그림책을 넘기다가 문득 수업에서 활용한 동영상 자료가 생각났습니다. 인터넷에서 '지구가 만약 100인의 마을이라면'이라는 제목의 동영상을 찾아봅니다. 데이비드 스미스가 쓴 그림책 『지구가 100명의 마을이라면』을 통해 이미 알고 있는 내용이지만 다 함께 보기에는 영상이 좀 더 간편해 이 자료를 선택했지요.

아이와도 이 영상을 보기로 합니다. 아이는 눈을 동그랗게 뜨고 기대하는 표정입니다. 지구가 100명이 살아가는 마을이라고요? 이 이야기는 70억 가까이 되는 지구의 인구를 100명으로 놓고 본다면 그중 몇 명이 남자인지, 여자인지, 몇 명이 어린이인지, 영어를 쓰는 사람은 몇 명인지 등을 쉽게 풀어 설명합니다. 눈여겨봐야 할 부분은 자원이 얼마나 편중되었는가 하는 내용입니다. 어떤 사람들은 영양실조에 걸렸는데 어떤 사람들은 영양 과다로 불편을 겪고 있습니다. 100명 중 20명 가까이 되는 사람이 하루를 1,000원도 안 되는 돈으로 버티고 있지요. 인터넷을 자유롭게 쓸 수 있는 사람도 몇 안 됩니다. 우리가 사는 세상에서 조금만 눈을 돌리면 결코 외면해서는 안 될 풍경을 마주하게 되는 것입니다.

"준아, 세계에는 여러 삶을 살고 있는 아이들이 있잖아. 준이가 그 친구들을 만난다면 어떨까? 우리랑 지구에 함께 사는 친구들이잖아. 책에 '이웃 나라의 이웃 나라' 친구들이 나오는데, 우리도 그 친구들을 그려 볼까?"

"그럼 이 친구들이 함께 살고 있는 지구마을을 그릴 거야. 여기 살면 안 힘들어. 모두 평화롭게 살아가. 배고픔도 없고 행복하게 지낼 거야."

아이는 다른 나라 친구를 상상해서 그려 봅니다. 먼저 머리가 노란색이고 줄무늬 셔츠를 입은 친구를 그렸습니다.

"준아, 이 친구는 누구야?"

"피터야. 피터는 원래 축구를 좋아하는데 집이 가난해서 학교에 못 가고, 축구를 할 수도 없어. 대신 빵을 팔아서 돈을 벌어야 했거든. 그런데 지구마을에서는 학교도 다니고 친구들과 신나게 축구도 할 수 있어."

"안경 쓴 아이는?"

"이 친구는 눈이 나쁘고, 앞이 잘 안 보여서 너무 불편했어. 안경을 사야 하는데 안경 살 돈이 없었거든. 하지만 지구마을에서는 이렇게 멋진 안경을 쓰고 앞도 잘 볼 수 있어."

"준이야, 가장 오른쪽에 있는 친구는 왜 맨발로 있어?"

"이 친구는 맨발로 다니는 걸 좋아하는 친구야. 지구마을에서는 신발을 신고 다니는 친구도 있고 이렇게 맨발로 다니는 친구도 있어. 모두 자기가 좋아하는 것을 선택할 수 있어."

얼굴색이 다르고 입은 옷이 다르지만 모두 지구마을에 사는 우리 이웃입니다. 아이는 도화지 위쪽에 연기처럼 보이는 것을 그리고 분홍색으로 칠했습니다. 연기인지, 길인지 궁금해 물어보자 '마르지 않는 강'이라고 합니다.

더불어 살아가는 마음을 키워 주는 그림책 놀이

준이가 그린 지구마을 친구들. 가장 왼쪽에 있는 아이가 피터, 가운데 아이가 안경 쓴 친구, 가장 오른쪽에 있는 아이가
맨발로 다니기 좋아하는 친구입니다.

언제든 깨끗한 물을 마실 수도 있고 물장구 치면서 놀 수 있는 강. 마르지 않아 누구도 걱정하거나 불안해하지 않고 함께 누릴 수 있는 강. 지구마을에 사는 아이들은 이 강을 보면서 행복한 미래를 꿈꿉니다.

● 생각 나누기

아이들은 초등학교 사회 시간에 '공정무역'을 배웁니다. 공정무역은 커피나 초콜릿 같은 상품을 재배하는 농민들이 노동의 대가를 정당하게 누리도록 해야 한다는 생각을 바탕에 둡니다. 상품을 생산하는 나라가 수입하는 나라에 헐값에 물건을 넘기는 일이 많고, 그 피해는 물건을 직접 만드는 노동자들이 입어 왔지요. 경제적으로 어려운 상황에서는 아동도 노동에 뛰어드는 경우가 많아 그 피해를 똑같이 입기도 합니다. 공정무역을 배우면서 아이들은 다른 나라의 또래 친구를 한 번 더 생각하게 되고, 기울어진 균형을 바로잡기 위해 무엇을 해야 할지 고민할 수 있습니다. 자라면서 세계 여러 나라의 모습에 더욱 관심을 보일 것이고, 친구들의 삶을 보다 더 주의 깊게 바라보며 함께 행복하게 살아가는 방법도 고민할 것입니다.

우리가 라면을 먹을 때, 내 울타리 너머, 국경 너머에는 어떤 일이 벌어지고 있을까요? 불공정한 아동 노동, 빈곤, 내전 등으로 고통받는 누군가가 있다는 것을 기억했으면 좋겠습니다. 불편한 이야기일 수 있지만 외면하지 않았으면 좋겠습니다. 지구마을에 사는 모든 사람들은 서로서로 영향을 주고받으며 함께 살아가는 존재이니까요.

부모를 위한 그림책 놀이  Q & A

어떤 준비물이 필요할까요?

놀이에 사용된 대부분의 준비물은 집에 있는 도구입니다. 예를 들어 A4용지, 가위, 칼, 풀 등이 기본으로 사용되고 거기에 택배 상자와 글루건 등이 더해집니다. 이런 기본적인 준비물 외에 아이가 가지고 노는 장난감들도 놀이의 재료로 사용합니다. 집에 없는 재료들은 그때그때 생필품 마트에 가 간단히 주문했습니다. 웜기어 자동차 만들기 키트, 허니컴 보드 등 온라인에서 구매한 재료도 있습니다.

그림책 놀이 아이디어는 어디서 얻나요?

책에 등장하는 놀이 중에는 아빠가 수업시간에 아이들과 했던 활동이 있습니다. 이를 아이의 수준에 맞추어 쉽게 만들었습니다. 또한 만들기 놀이는 'DIY', '만들기', '놀이' 등으로 검색하여 준이와 할 수 있는 놀이들을 정리했습니다. 그리기 놀이에 필요한 아이디어와 도안은 Pinterest 사이트에서 적절한 활동을 선별한 후 활용했습니다. 또한 그림책이나 놀이와 관련된 책들을 읽으며 준이가 좋아할 만한 내용들을 찾았습니다.

활동을 통해 함께 만든 놀잇감들이 많은데 이것들은 어떻게 하나요?

함께 놀면서 그리거나 만든 놀잇감들은 일단 가지고 논 후 한쪽에 모아 둡니다. 아이는 다음 날 자기가 만든 놀잇감을 하나씩 들고 유치원에 가서 친구들과 함께 놀이를 합니다. 한 번씩 유치원에 다녀온 놀잇감들은 대부분 망가져 돌아옵니다. 그러면 아이의 허락 하에 부품들을 뜯어 내어 다른 놀잇감을 만드는 데 재활용합니다.
아이가 소중하게 여기는 놀잇감들은 부수지 않고 언제든 꺼내서 아빠와 함께 가지고 놉니다. 이럴 때 놀잇감을 만들게 된 그림책에 대해서 다시 한번 이야기를 나눕니다.

위험한 도구(칼, 송곳, 글루건 등)는 어떻게 사용해야 하나요?

이 책에서 소개하고 있는 여러 놀이들이 만들기 활동으로 이루어져 있습니다. 아이가 혼자 사용할 수 있는 가위, 풀 등도 있지만 아이에게 익숙하지 않은 송곳, 칼, 글루건 등의 도구도 있습니다. 종이로만 만드는 것이 아니라 두꺼운 택배 상자를 활용하기 때문에 이런 도구들을 위험하다고 사용하지 않을 수는 없습니다. 어른이 위험한 작업에는 도움을 주거나 아이에게 정확하고 안전하게 사용할 수 있는 방법을 가르치는 일이 필요합니다. 송곳을 사용할 때는 구멍이 순식간에 뚫리기 때문에 절대 손을 뚫는 곳 뒤에 두지 않을 것, 칼은 날카롭기 때문에 항상 쓰고 난 후 칼심을 칼집에 넣을 것, 글루건은 뜨겁기 때문에 절대로 어깨 높이 이상으로 들지 말고 사용한 후에는 두꺼운 종이로 덮어 놓을 것, 이런 규칙들을 반복해서 이야기해 주어야 합니다. 그리고 아이가 위험한 도구를 사용할 때는 항상 어른이 옆에서 함께 해 주어야 안전사고가 일어나지 않습니다.

아이가 그림책 놀이에 집중하지 못하면 어떻게 하나요?

우선, 놀이에 즐겁게 참여하도록 하기 위해 그림책을 재미있게 읽어 줍니다. 등장인물에 따라 목소리를 바꾸기도 하고 동작으로 표현하기도 합니다. 아빠가 읽어 주는 그림책에 관심을 가지고 즐거워했다면 후에 이어질 놀이는 반 이상 성공한 것입니다. 그리고 놀이가 진행되는 가운데 아빠는 계속해서 그림책에 관련된 이야기를 준이와 나눕니다. 그림책이라는 상상의 공간 안에서 놀이가 이루어지니 자연스럽게 준이가 집중하면서 참여할 수 있었습니다. 아이가 하고 싶지 않다면 언제든 중단하고 아이가 하고 싶은 활동으로 바꾸어 주는 과정이 필요합니다. 완성품을 만들지 않았다고 해서 놀이가 의미 없는 것은 아닙니다. 어쩌면 이미 아이는 재미있게 다 놀았던 것일 수도 있습니다.

그림책 놀이를 하기 좋은 연령은 언제부터일까요?

제 경우, 놀이는 아이가 유치원에 다니기 시작한 다섯 살 때부터 본격적으로 시작했습니다. 그림책을 처음 읽어 줄 무렵에는 활동을 함께 곁들이지 않았습니다. 세 살까지는 그림책을 읽어 주는 데에 집중했습니다. 어느 정도 말을 할 수 있게 되자 그림책 내용에 대해 짧게나마 이야기를 나누었습니다.

그림책 놀이를 할 때 아이와 어떤 대화를 나누나요?

우선 읽었던 그림책에 관한 이야기를 많이 합니다. 책의 내용, 등장인물, 기억나는 장면, 등장인물들이 나눈 대화 등 전체적인 내용을 다시 한번 생각하면서 이야기를 나눕니다. 그리고 아빠가 어떤 놀이를 할지 미리 생각하고 있을 때에는 놀이 방법 및 주의사항 등을 이야기합니다. 이때 아이의 생각대로 놀이의 방법이 바뀌거나 만드는 방법이 달라지기도 합니다. 또한 놀이를 하기 위해 준비한 재료들을 보며 어떤 놀이를 하면 좋을지도 이야기합니다.

소요 시간별 그림책 놀이

• 10~20분

좋아하는 것 싫어하는 것 기록하기 _『이게 정말 나일까?』| 24
속상할 때 듣고 싶은 말 적기 _『틀려도 괜찮아』| 42
포도의 형제자매 찾기 _『이게 정말 사과일까?』| 96
다양한 시점으로 그리기 _『위를 봐요!』| 155
듣고 싶은 말, 듣고 싶지 않은 말 _『괜찮아』| 168
이웃 나라에 사는 친구들 그리기 _『내가 라면을 먹을 때』| 190

• 30분

몸속 탐험하기 _『지식의 백과사전: 인체』| 18
페트병을 활용한 정리 상자 만들기 _『안 돼, 데이비드!』| 30
이야기 순서 예상하기 _『헨리의 자유 상자』| 48
상상해서 지도 그리기 _『허먼과 로지』| 55
픽셀 아트 그림 그리기 _『코끼리 아저씨와 100개의 물방울』| 62
숨은그림찾기 _『장바구니』| 68
미로 만들기 _『뜻밖의 미로 여행』| 73
매달린 종이컵 맞추기 _『할머니에겐 뭔가 있어!』| 83
마법 주문 상상하기 _『마법 침대』| 90
색다른 맛 셔벗 만들기 _『달 샤베트』| 106
우리 반 친구들 색칠하기 _『우리 반』| 144
독재자와 좋은 대통령 비교하기 _『독재란 이런 거예요』| 162
섬에 얽힌 역사 생각하고 멸종 동물 만나 보기 _『독도는 외롭지 않아』| 179

• 40분 이상

꿈 핀볼 만들기 _『무슨 꿈이든 괜찮아』| 36
집에서 곤충 낚시하기 _『우리 곤충 채집할래요?』| 78
원기어 키트로 자동차 만들기 _『검피 아저씨의 드라이브』| 100
뚝딱뚝딱 텔레비전 만들기 _『고물 텔레비전의 황금 시간』| 112
나만의 창작 동화 만들기 _『맛있는 이야기책』| 118
상자로 미니 농구장 만들기 _『운동이 최고야』| 126
스트링 아트로 에펠탑 만들기 _『북극곰 풍풍이 숨어 있는 오르세 미술관 3』| 134
나도 해바라기! _『New 첫 명화 그림책: 반 고흐 Van Gogh』| 140
가족 얼굴 그리기 _『아빠 얼굴』| 150
등장인물의 감정을 한 단어로 정리하기 _『아빠, 미안해하지 마세요!』| 174
자음과 모음으로 낱말 만들기 _『낱말 공장 나라』| 185

 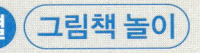

난이도별 그림책 놀이

★ ☆ ☆ ☆ ☆

우리 반 친구들 색칠하기 _ 『우리 반』 | 144
다양한 시점으로 그리기 _ 『위를 봐요!』 | 155
듣고 싶은 말, 듣고 싶지 않은 말 _ 『괜찮아』 | 168
이웃 나라에 사는 친구들 그리기 _ 『내가 라면을 먹을 때』 | 190

★ ★ ☆ ☆ ☆

좋아하는 것 싫어하는 것 기록하기 _ 『이게 정말 나일까?』 | 24
속상할 때 듣고 싶은 말 적기 _ 『틀려도 괜찮아』 | 42
픽셀 아트 그림 그리기 _ 『코끼리 아저씨와 100개의 물방울』 | 62
숨은그림찾기 _ 『장바구니』 | 68
마법 주문 상상하기 _ 『마법 침대』 | 90
포도의 형제자매 찾기 _ 『이게 정말 사과일까?』 | 96
색다른 맛 셔벗 만들기 _ 『달 샤베트』 | 106
가족 얼굴 그리기 _ 『아빠 얼굴』 | 150
독재자와 좋은 대통령 비교하기 _ 『독재란 이런 거예요』 | 162
섬에 얽힌 역사 생각하고 멸종 동물 만나 보기 _ 『독도는 외롭지 않아』 | 179
자음과 모음으로 낱말 만들기 _ 『낱말 공장 나라』 | 185

★ ★ ★ ☆ ☆

몸속 탐험하기 _ 『지식의 백과사전: 인체』 | 18
페트병을 활용한 정리 상자 만들기 _ 『안 돼, 데이비드!』 | 30
꿈 핀볼 만들기 _ 『무슨 꿈이든 괜찮아』 | 36
이야기 순서 예상하기 _ 『헨리의 자유 상자』 | 48
상상해서 지도 그리기 _ 『허먼과 로지』 | 55
미로 만들기 _ 『뜻밖의 미로 여행』 | 73
집에서 곤충 낚시하기 _ 『우리 곤충 채집할래요?』 | 78
매달린 종이컵 맞추기 _ 『할머니에겐 뭔가 있어!』 | 83
뚝딱뚝딱 텔레비전 만들기 _ 『고물 텔레비전의 황금 시간』 | 112
나만의 창작 동화 만들기 _ 『맛있는 이야기책』 | 118
나도 해바라기! _ 『New 첫 명화 그림책: 반 고흐 Van Gogh』 | 140
등장인물의 감정을 한 단어로 정리하기 _ 『아빠, 미안해하지 마세요!』 | 174

★ ★ ★ ★ ★

웜기어 키트로 자동차 만들기 _ 『검피 아저씨의 드라이브』 | 100
상자로 미니 농구장 만들기 _ 『운동이 최고야』 | 126
스트링 아트로 에펠탑 만들기 _ 『북극곰 퐁퐁이 숨어 있는 오르세 미술관 3』 | 134

활동 종류별 그림책 놀이

• 언어 놀이

좋아하는 것 싫어하는 것 기록하기 _『이게 정말 나일까?』| 24

속상할 때 듣고 싶은 말 적기 _『틀려도 괜찮아』| 42

이야기 순서 예상하기 _『헨리의 자유 상자』| 48

마법 주문 상상하기 _『마법 침대』| 90

포도의 형제자매 찾기 _『이게 정말 사과일까?』| 96

나만의 창작 동화 만들기 _『맛있는 이야기책』| 118

독재자와 좋은 대통령 비교하기 _『독재란 이런 거예요』| 162

듣고 싶은 말, 듣고 싶지 않은 말 _『괜찮아』| 168

등장인물의 감정을 한 단어로 정리하기 _『아빠, 미안해하지 마세요!』| 174

자음과 모음으로 낱말 만들기 _『낱말 공장 나라』| 185

• 수학·과학 놀이

몸속 탐험하기 _『지식의 백과사전: 인체』| 18

집에서 곤충 낚시하기 _『우리 곤충 채집할래요?』| 78

매달린 종이컵 맞추기 _『할머니에겐 뭔가 있어!』| 83

• 만들기 놀이

꿈 핀볼 만들기 _『무슨 꿈이든 괜찮아!』| 36

웜기어 키트로 자동차 만들기 _『검피 아저씨의 드라이브』| 100

뚝딱뚝딱 텔레비전 만들기 _『고물 텔레비전의 황금 시간』| 112

상자로 미니 농구장 만들기 _『운동이 최고야』| 126

스트링 아트로 에펠탑 만들기 _『북극곰 퐁퐁이 숨어 있는 오르세 미술관 3』| 134

나도 해바라기! _『New 첫 명화 그림책: 반 고흐 Van Gogh』| 140

섬에 얽힌 역사 생각하고 멸종 동물 만나 보기 _『독도는 외롭지 않아』| 179

• 그리기 놀이

상상해서 지도 그리기 _『허먼과 로지』| 55

픽셀 아트 그림 그리기 _『코끼리 아저씨와 100개의 물방울』| 62

숨은그림찾기 _『장바구니』| 68

미로 만들기 _『뜻밖의 미로 여행』| 73

우리 반 친구들 색칠하기 _『우리 반』| 144

가족 얼굴 그리기 _『아빠 얼굴』| 150

다양한 시점으로 그리기 _『위를 봐요!』| 155

이웃 나라에 사는 친구들 그리기 _『내가 라면을 먹을 때』| 190

• 살림 놀이

페트병을 활용한 정리 상자 만들기 _『안 돼, 데이비드!』| 30

색다른 맛 셔벗 만들기 _『달 샤베트』| 106

그림책 목록

갈매기 택배 | 121쪽
이시이 히로시 글·그림, 엄혜숙 옮김, 위즈덤하우스, 2016

검피 아저씨의 드라이브 | 101쪽
존 버닝햄 그림·글, 이주령 옮김, 시공주니어, 1996

고물 텔레비전의 황금 시간 | 113쪽
이바나 다쿠야 원작·그림, 하세가와 요미후시 글, 김소연 옮김, 천개의바람, 2015

괜찮아 | 169쪽
최숙희 지음, 웅진주니어, 2005

낱말 공장 나라 | 186쪽
아녜스 드 레스트라드 글, 발레리아 도캄포 그림, 신윤경 옮김, 세용출판, 2009

내가 라면을 먹을 때 | 191쪽
하세가와 요시후미 지음, 장지현 옮김, 고래이야기, 2019

달 샤베트 | 107쪽
백희나 지음, 책읽는 곰, 2014

독도는 외롭지 않아 | 180쪽
이정은 글, 이유정 그림, 키즈엠, 2016

독재란 이런 거예요 | 163쪽
플란텔 팀 글, 미켈 카살 그림, 김정하 옮김, 풀빛, 2017

뜻밖의 미로 여행 | 74쪽
폴린 뒤푸르 글, 로젠 보튀옹 그림, 이나영 옮김, 보림, 2017

마법 침대 | 91쪽
존 버닝햄 그림·글, 이상희 옮김, 시공주니어, 2003

맛있는 이야기책 | 119쪽
엘라 버룻 지음, 서남희 옮김, 다림, 2015

무슨 꿈이든 괜찮아 | 37쪽
프르체미스타프 베히터로비츠 글, 마르타 이그네르스카 그림, 김서정 옮김, 마루벌, 2014

북극곰 퐁퐁이 숨어 있는 오르세 미술관 3 | 135쪽
니콜라 피루 지음, 고정아 옮김, 보림, 2020

빨간 버스 | 33쪽
제인 고드윈 글, 안나 워커 그림, 강도은 옮김, 파랑새, 2009

쇠를 먹는 불가사리 | 115쪽
정하섭 글, 임연기 그림, 길벗어린이, 1999

안 돼, 데이비드! | 31쪽
데이비드 섀넌 글·그림, 김경희 옮김, 주니어김영사, 2020

아빠, 미안해하지 마세요! | 175쪽
홍나리 글·그림, 한울림스페셜, 2015

아빠 얼굴 | 151쪽
황 K 지음, 이야기꽃, 2017

우리 곤충 채집할래요? | 79쪽
이노우에 타케나리 지음, 나카타 아야카 그림, 한양희 옮김, 썬더키즈, 2020

우리 반 | 145쪽
김성범 글, 이수희 그림, 계수나무, 2019

운동이 최고야 | 127쪽
이지스 치히로 글, 야마무라 코지 그림, 엄혜숙 옮김, 천개의바람, 2012

위를 봐요! | 156쪽
정진호 지음, 현암주니어, 2014

이게 정말 나일까? | 25쪽
요시타케 신스케 글·그림, 김소연 옮김, 주니어김영사, 2015

이게 정말 사과일까? | 97쪽
요시타케 신스케 글·그림, 고향옥 옮김, 주니어김영사, 2014

장바구니 | 69쪽
존 버닝햄 지음, 김원석 옮김, 보림, 1996

지구가 100명의 마을이라면 | 192쪽
데이빗 J. 스미스 지음, 셀라 암스트롱 그림, 노경실 옮김, 푸른숲주니어, 2011

지식의 백과사전: 인체 | 19쪽
DK 편집부 편저, 박유진, 이시은 · 최윤희 공역, 지식갤러리, 2018

진짜 진짜 재밌는 멸종위기동물 그림책 | 182쪽
사라 우트리지 지음, 조 코넬리 일러스트, 김맑아 · 김경덕 옮김, 부즈펌어린이, 2015

코끼리 아저씨와 100개의 물방울 | 63쪽
노인경 글 · 그림, 문학동네어린이, 2012

틀려도 괜찮아 | 43쪽
마키타 신지 글, 하세가와 토모코 그림, 유문조 옮김, 토토북, 2006

할머니에겐 뭔가 있어! | 84쪽
신혜원 지음, 사계절, 2014

허먼과 로지 | 56쪽
거스 고든 지음, 김서정 옮김, 그림책공작소, 2016

헨리의 자유 상자 | 49쪽
엘린 레빈 글, 카디르 넬슨 그림, 김향이 옮김, 뜨인돌어린이, 2008

New 첫 명화 그림책: 반 고흐 Van Gogh | 141쪽
애플비 편집부 엮음, 애플비, 2012

부록

추천의 글

공유하기 망설여지는 책놀이의 진수

아이의 성장 중 8할은 엄마의 정보력이라는 말들이 종종 나오죠. 그 정보력을 얻기 위해 엄마들은 맘카페, 학부모회, 각종 부모 연수에 참여합니다. 그런데 그 정보라는 것을 잘 들여다보면 입시, 학원, 학습지, 영양제, 혹은 주말 가족 여행지 정도입니다.

저는 이것들보다 훨씬 '고급 정보'라고 할 수 있는 비법을 알고 있습니다. 바로 '아이와 그림책으로 노는 방법'이죠. 그중에서도 전상현 선생님과 준이가 노는 모습은 아이와 부모가 제대로 상호작용하는 아름다운 예로, 제가 꼽는 최고의 정보 중 하나입니다.

전상현 선생님을 볼 때마다 저는 '이 사람은 정말 타고난 놀이의 고수구나!'라고 생각했습니다. 그의 놀이는 아이의 삶과 찰떡을 빚는 유의미한 놀이들이기 때문입니다.

아이의 창의력을 키우기 위한 여러 기관이나 단체의 다양한 활동 중에는 제가 보기에 더러 억지로 짜낸 듯한 인위적인 놀이들도 있습니다. 그런 놀이는 아이들의 삶과 동떨어진 '가짜 놀이'입니다. 잠깐 재미는 있을지언정 시간과 자원을 낭비하는 활동이 될 수 있습니다.

그러나 체질적으로 노는 데 타고난 교육자, 전상현 선생님의 그림책 놀이는 정말 특별합니다. 아이를 잘 이해하는 부모이자 메이킹 교육의 브레인인 그가 그림책을 만나 벌인 일들은 매일매일 아이들과 행복한 성장을 맞볼 수 있는 '부모 비법'의 정수입니다. 아이의 말 한마디를 놓치지 않고 뚝딱뚝딱 맞춤 놀이를 계획하지요.

아이는 아빠표 수제 놀잇감을 충분히 즐기며 매일매일 지혜롭고 튼튼하게 자랍니다. 이 고급 정보가 책이 되다니! 반가우면서도 다른 감정이 너울거립니다.

(솔직히 전상현 선생님과 준이의 그림책 놀이를 저만 알고 싶었습니다! 하하!)

- 강수진(경기 안말초등학교 교사, 『잘 익은 교과서 그림책』 공저자,
초등 교사 그림책 신작 읽기 모임 '초그신' 운영자)

추천의 글

그림책 놀이로 맛보는 소통과 성장이란 열매

그림책은 작은 세상입니다. 그 세상을 어떻게 바라보느냐에 따라 의미가 달라집니다. 그림책을 그저 즐겨 읽기만 한다면 그 작품의 지극히 작은 부분만 보고 있는 것입니다. 그림책 읽기를 교육과 연계한다면 이야기는 달라집니다. 그림책이 우리에게 어떤 메시지를 주는지 무궁무진하게 의미를 확장할 수 있게 됩니다.

『하루 30분 그림책 놀이』를 읽다가 생각에 잠길 때가 많았습니다. 아이들과 '그림책으로 놀아 준다.'라는 자부심이 있었는데 전상현 선생님은 그 말의 의미를 넘어 '함께 즐겁게 놀고' 있었지요. 그 모습이 부럽기도 했지만, 한편으로는 가슴이 따뜻해지기도 했습니다. 프뢰벨의 말처럼 놀이로 아이들이 내적 욕구를 마음껏 표현할 수 있도록 그림책과 놀이를 다양하게 연계하는 모습이 인상적이었습니다.

"아이를 들여다보면 그곳에 반짝이는 성장이라는 열매가 기다리고 있을 것입니다."

그림책-놀이-함께 성장! 이 세 가지가 한데 어우러지니 즐거울 수밖에 없습니다.

책 곳곳에 독자를 위한 배려가 숨 쉽니다. 그림책 놀이를 소개하며 소요 시간, 놀이 종류, 난이도를 구분해 둔 점은 물론이고 그림책 미리 보기, 활동 살펴보기, 생각 나누기 등으로 내용을 분류해 필요한 부분에 집중하기 좋습니다. 자녀와 활동하는 모습이 생생하게 눈앞에 그려지듯이 읽혀 흐뭇한 마음으로 책장을 넘기게 됩니다.

책을 읽다가 잠시 멈추고 집에 있는 그림책 하나를 꺼내 듭니다. 저도 아이에게 책을 읽어 주고 이야기를 나누며 짧은 활동을 이어 갑니다. 책 안에서 이뤄지는 아빠와 자녀의 소통이 현실에서도 이뤄지고 있습니다. 아이와 함께 즐겁게 놀아 봅니다. 어려운 일이 아니었습니다. 책에서 받은 영감을 바로 우리 집에 적용해 보니 아빠인 저도, 아이도 그림책과 함께 재미있게 놀 수 있게 됩니다.

전상현 선생님의 책이 세상과 즐겁게 소통하여 그림책 놀이가 가정 곳곳에서 미소로 승화되는 순간을 그려 봅니다.

- **김진수**(평택새빛초등학교 교사, 『평범한 일상은 어떻게 글이 되는가』
『교사가 성장하면 수업도 성장한다』 『행복한 수업을 위한 독서교육 콘서트』 저자)

추천의 글

좋은 부모가 되기 위한 그림책 놀이 노하우

"좋은 부모가 되고 싶나요?"라는 물음에 "아니요."라고 대답하는 부모는 아마 없을 거예요. 그런데 현실은 쉽지 않죠. 마음은 있지만, 시간이 부족하고요. 의지는 있으나, 체력이 아쉽기도 하고요. 머리로는 알겠는데 몸이 따라 주지 않기도 하죠.

"좋은 부모가 되는 방법을 알고 있나요?"라는 물음에 당당하게 "네."라고 대답하는 사람도 드물 거예요. 머릿속으로는 떠오르지만 당장 말로 표현이 어렵죠. 아이와 함께 시간을 많이 보내거나 맛있는 음식을 먹으며 추억을 쌓으면 되지 않을까요? 거기에 더해 일회성으로 그치지 않고 꾸준히, 의미 있는 활동을 함께할 수 있는 방법도 있지 않을까요?

"좋은 부모가 되는 방법을 쉽고 구체적으로 알려 드린다면 함께하실래요?"라는 물음에는 저부터 박수를 칠 것 같아요. 그림책에 관해 설명해 주고, 어떤 과정으로 놀이를 했는지, 놀이를 하며 아이에게 어떤 질문을 하고 어떤 이야기를 주고받았는지 등 구체적인 그림책 놀이 매뉴얼을 따라 실천한다면 저도 조금씩 좋은 부모가 되지 않을까요?

저는 여덟 살 딸을 키우는 아빠이자 교사예요. 매일 밤 잠들기 전, 책을 읽어 주며 딸과 즐거운 추억을 만들고 있답니다. 4년 정도 읽어 주다 보니 이제는 딸과 번갈아 책도 읽고, 책 내용에 관해 대화를 하기도 하죠. 그림책 읽어 주기가 선사한 선물입니다.

그런데 그림책 읽기뿐만 아니라 놀이를 함께하는 아빠를 발견했어요. 그냥 놀이가 아니라, 아이가 키워야 할 중요한 역량에 관계된 놀이를 꾸준히 하는 준이 아빠 모습을 보며 감동을 받아요.

그림책 놀이 매뉴얼을 알려 준 분이 바로 준이 아빠, 전상현 선생님입니다. 저자는 양육과 가사를 함께 하며 아이를 키우는 아빠이자 현직 초등 교사로 근무하고 있어요. 학교에서는 학생들과, 집에서는 자녀와, 아이가 성장에 필요한 역량을 키우는 데 의미 있는 시간을 보냅니다. 그 핵심 노하우를 저자는 책 한 권으로 아낌없이 알려 주고 있습니다. 일단 책을 펼치고, 하나씩 따라 해 본다면 어느새 여러분도 좋은 부모가 되지 않을까요? 그럼, 함께하시죠!

- 최창진(안성 문기초등학교 교사, 『선생님! 오늘 하루 어떠셨어요?』 저자)

하루 30분 그림책 놀이
교사 아빠가 제안하는 6가지 역량별 독후 활동

ⓒ 전상현 2021

1판 1쇄 발행 2021년 4월 22일

지은이	전상현
펴낸이	한기호
책임편집	박혜리
편집	여문주, 오선이
본부장	연용호
마케팅	윤수연
경영지원	김윤아
디자인	천병민
인쇄	예림인쇄
펴낸곳	(주)학교도서관저널
출판등록	제2009-000231호(2009년 10월 15일)
주소	04029 서울시 마포구 동교로 12안길 14(서교동) 삼성빌딩 A동 3층
전화	02-322-9677
팩스	02-6918-0818
전자우편	slj9677@gmail.com
홈페이지	www.slj.co.kr

ISBN 978-89-6915-098-1 (03370)

• 이 책은 저작권법에 따라 보호를 받는 저작물이므로 무단 전재와 무단 복제를 금합니다.

• 책값은 뒤표지에 있습니다.